13끕 언어,
세상에 태클 걸다

권희린
지음

욕하는 게 뭐 어때서!

B끕 언어, 세상에 태클 걸다

우리학교

차례

1부 또 다른 나, B급

2부 까스활명수, 속이 뻥 뚫리는

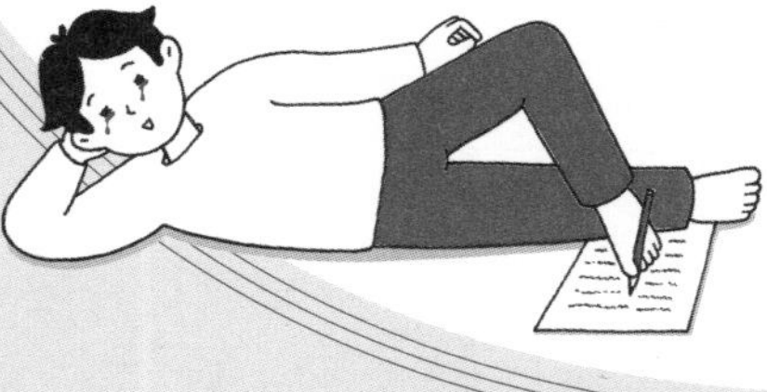

3부 양날의 칼, 친근감과 불쾌감 사이

4부 과유불급, 적절하면 윤활유 과하면 정서적 환경 호르몬

들어가는 글

"선생님, 뒤에 앉은 애들이 존나 떠들어요."

교단에 선 지 며칠 되지 않았을 때다. 학생들과 화기애애한 분위기의 수업을 기대했던 나의 꿈은 순식간에 산산조각이 나 버렸다. 상상조차 할 수 없는 교실 분위기. 학생들은 한술 더 떠 '존나'로 다양한 문장을 만들며 일상의 언어들을 가볍게 다루기 시작했다.

"선생님, 칠판이 존나 안 보이는데요?"

"아, 존나 더워!"

"존나 짜증 나게 좀 하지 마."

처음에는 내가 우스워 보이는 건가 싶어 자존심이 상했다. 그런데 시간이 지나면서 알게 되었다. 내가 우스운 것도, 아이들이 나쁜 것도 아니라는 사실을. 그들에게는 이미 비속어가 자연스럽게 일상 언어로 침투해 있을 뿐이었다. 체벌과 잔소리를 감행한다 하더라도 큰 변화를 기대할 수 없을 것 같았다. 뭔가 획기적인 사고의 전환이 필요했다. "나쁘니까 쓰지 마." 대신 "쓰는데 알고 써."가 좀 더 요즘 학생들에게 먹힐 거 같았다.

그래서 시작했다. '5분 비속어 수업'.

오늘의 단어는 '씨발'이네!

말 그대로 비속어를 가르쳐 주는 수업이었다. 국어 수업 시간을 5분 정도 활용해서 학생들이 평소에 많이 쓰는 비속어를 하나씩 골라 그 단어를 언제 쓰는지, 어떤 뜻으로 알고 있는지 서로 이야기를 나누었다. 실제로 그 말은 어디에서 비롯된 것인지, 본래 어떤 뜻인지 알려 주는 과정도 거쳤다. 처음에는 비속어를 학생들에게 가르쳐 주는 것이 '과연 그들에게 자극이 될까?' '교육적으로 괜찮은 결과를 가져올 수 있을까?' '괜히 아이들에게 더 나쁜 비속어만 잔뜩 알려 주는 것은 아닐까?' 하는 우려가 일었다. 그래도 조금의 위험은 감수하기로 결정했는데, 성적인 표현이 어원인 비속어들이 많았기 때문에 수업 시간마다 얼굴이 빨개질 날이 참 많았다. "오늘의 단어는 씨발이네."라고 학생들이 더 큰 목소리로 당당하게 웃고 떠드는 날에는 자괴감이 몰려왔다. 역시 성악설이 맞는가 싶기도 했다.

그런데 단 몇 번의 수업을 거치면서 이런 의심과 자괴감은 조금씩 스르르 풀리기 시작했다. 수업 시간마다 비속어를 남발하던 학생들이 조금씩 달라졌다. 하나씩 비속어를 배울 때마다 그 단어를 대체할 말에 대해서도 서로 자유롭게 토론하기도 했다. 학생들은 자신들도 모르는 사이에 그런 단어들을 하나하나 일상에 적용해 내고 있었던 것이다. 아이들 말마따나 '좆같은' 아이들이 바글거리던 교실이, '꽃 같은' 아이들로 가득 차고 있었다. (학생들이 만들어 낸 '좆같다'의 대체어는 '꽃같다'였다.) 부끄러운 어원의 말을 누군가 내뱉으면 지적하는 학생들도 생겨났다. 어떤 교실에서는 비속어를 자주 사용하는 담임선생님에게 학생들이 그 단어의 어원을 직접 가르쳐 주더라며, 담임선생님의 행복한(?) 볼멘소리를 들어야 했다. 아이들의 나쁜 언어 습관이 바뀌지 않을 거라 여겼던 나의 부정적인 생각은 기우였다. 아이들은 그저 언어의 과도기 속에서 방황하고 있을 뿐이었다. 약간의 노력만 기울인다면 앞으로 올바른 언어 습관이 잘 정착될 수 있을 거라는 믿음과 희망을 가지게 되었다. 무엇보다도 내가 더 많이 배울 수 있는 시간이었다.

비속어 수업을 시작으로 해서 다양한 비속어에 대한 이야기를 담았던 『B끕 언어』가 5년 만에 개정판으로 다시 나오게 되었다. 'B끕 언어'를 시작으로, 학생들을 위해 학교에서 학교 폭력 관련한 비속어 강의를 하고, 선생님들에게 '비속어 수업' 팁을 강의로 전달하기도 했다. 그간 학생들의 언어 습관의 변화를 위해 열심히 노력했지만 일상의 언어들은 더 나빠졌으면 나빠졌지 좋아진 것처럼 보이지 않는다. 더 적극적인 노력이 필요할 것 같은 시점이다. 그래서 다시 'B끕 언어'를 수면 위로 올리기로 했다. 비속어는 나쁜 말이니까 사용하지 말라는 빤한 어른이 되지 않기로 했다. 음지의 단어를 양지로 끌어올려 좀 더 당당하고 뻔뻔한 어른이 되기로 했다.

나쁜 말이니까 쓰지 말라는 빤한 조언 따위 말고

나는 비속어가 나쁘다고 생각하지 않는다. 비속어는 우리의 삶에 끼어들어 우리의 일상을, 우리의 대화를 말랑말랑하고도 재미나게 만들어 주는 촉매제 역할을 하고 있다. 적절하게 써야 할 타이밍이 있다면 쓰는 것도 나쁘지 않다고 생각한다. 그저 A급 언어, B급 언어 가운데 'B끕 언어'로 규정되었을 뿐이다. B급도 그 나름의 매력이 다분하다. 주말 저녁을 뜨겁게 달구는 한 예능 프로그램은 성인들의 섹시한 농담이 난무한 B급 프로이지만 사람들을 즐겁게 만들어 준다. 하나의 몸동작으로 전 세계를 들썩이게 만드는 싸이의 〈젠틀맨〉과 〈강남스타일〉은 어떤가? 뭔가 특별하게 내세울 것 없어 보이지만 촌스럽고 저질스러운 B급의 정서가 세계인을 움직이고 있는 것이다. B급은 A급보다 솔직하고 당당하다. 그런 의미에서, 우리의 무미건조한 삶을 유머러스하고 즐겁게 만들어 주는 몇몇 비속어의 공로도 어느 정도 인정해 줘야 한다고 생각한다. 다만 비속어가 주는 느낌을 즐기기 이전에 기억해야 할 것이 하나 있다. 비속어는 말하는 사람뿐 아니라 그 사람의 삶 자체를 평가하는 척도가 되어 버렸다는 것. 그리고 그 언어로 인해 상처받는 사람들이 생기고 있다는 것을 말이다. 우리가 비속어를, B급 언어를 공부해야 할 이유다.

이 책이 많은 분들에게 무심코 내뱉는 다양한 B급 언어가 어떤 의미이고, 무엇을 표현하기 위해 쓰는 말인지 알려 줄 수 있다면 좋겠다. B급 언어를 써도 될 때와 써서는 안 될 때를 스스로 잘 판단할 수 있는 사고력을 길러 주면 좋겠다. 많은 분들이 자신의 감정을 분출하고 표현하는 데 있어 우리의 자랑스러운 한글을 분별력 있게 사용할 수 있기를 바란다. 내뱉는 말의 주인이 바로 나 자신임을 잊지 않았으면 한다. 마지막으로, 『B끕 언어, 세상에 태클 걸다』의 저자이지만 A급 언어가 더 인기 있는 사회가 되었으면 좋겠다.

2018년 가을

권희린

1부

또 다른 나,
B끕

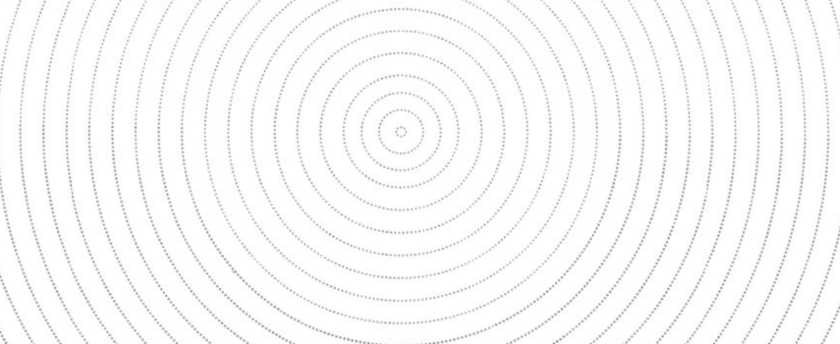

좆같다

세상에는 내 마음대로 안 되는 일이 너무 많다

어원

'좆'은 남성의 성기를 뜻하는데, 이것은 생각하는 대로 통제되지 않는다. 이런 '좆'의 특성을 이용해 사람들은 자기 스스로 통제할 수 없고 뜻대로 되지 않을 때 '좆같다'고 말한다.

10대, 욕에 중독되다

KBS 스페셜 〈10대, 욕에 중독되다〉라는 프로그램을 수업 시간에 학생들과 함께 본 적이 있다. 욕을 들으면 잘 자라지 못하는 양파, 인터넷에서 이뤄지는 욕 배틀 등 충격적인 내용이 많았는데, 그중에서도 가장 충격으로 다가온 것은 바로 초등학생들의 욕 실태였다.

PD 아저씨가 학생들에게 물었다.

"친구들이 욕하는 소리를 들으면 기분이 어때요?"

그러자 초등학교 5학년 정도 돼 보이는 남학생이 해맑게 웃으며 "정말 좆같아요!"라고 말하는 게 아닌가? 도대체 어린 학생들에게 좆같다는 것은 어떤 뜻일까?

꿈을 이루기 위해 12년간의 학창 시절을 열심히 달려왔다. 매번 1, 2등을 하지는 않았지만 부모님과 선생님이 말씀하신 대로 늘 최선을 다했다. 그런데 막상 뚜껑을 열고 보니 내가 원하는 대학과 나의 성적은 괴리가 있었다. 현실과 이상 사이에는 너무나 큰 벽이 있다는 사실을 이제야 깨닫지만, 모든 것을 원점으로 돌려놓기에는 너무 늦었다.

비싼 등록금을 내며 4년간 열심히 학교에 다녔다. 교통비만

받으며 인턴 생활도 했고, 부모님이 힘드신 사정 뻔히 알지만 남들 다 하는 것 안 할 수 없다는 생각에 부모님 허리 휘게 하면서 어학연수까지 다녀왔다. 봉사 활동도 열심히 하고, 토익 점수도 따고, 공모전에서 수상도 하고……. 하라는 대로 다 했는데 취업 원서를 넣으면 모두 낙방이다. 결국 주변에서는 비정규직이라도 경험을 쌓는 편이 낫다고 말한다. 해마다 재계약을 할 때면 심장이 쫄깃해진다.

명문대 졸업, 토익 점수 950점, 대학 성적 4.0, 어학연수, 봉사 활동 등 모든 스펙이 완벽한데 자꾸 취업에 낙방한다. 반면 예쁜 친구는 스펙이 별로인 것 같은데도 취업에 성공해 떵떵거리며 다닌다. 그러고 보니 주변에서 말하기를 취업 성형이 필수라고 한다. 그것이 바로 스펙이라고. 일을 하는 데 외모가 뭐가 중요하냐고 반문해 보지만 현실은 냉정하다. 그러니 구직 사이트보다 성형외과 후기를 더 열심히 검색하게 된다. 왠지 씁쓸하다.

세상에는 내 마음대로 안 되는 일이 너무나 많다. 나이를 먹으면 먹을수록 불공평한 일이 많아지고, '열심히 하면 된다' '최선을 다하면 된다' '결과보다 과정이 중요하다'라는 말들은 그저 '빛 좋은 개살구' 같다. 이렇게 불공정함이 난무하는 세상에서 내가 설 곳이 있을까 궁금하기도 하고, 열심히 살아왔는데 나에게 주어지는 대가가 겨우 이런 거라고 생각하니 왠지 조금 억울하다.

나 스스로 통제할 수 없는 상황, 내 뜻대로 안 되는 상황이 넘치다 보니 이런 부조리한 상황을 향한 반감을 '좆같다'는 한 마디로 표현하는 것이다.

좆같다 대신 꽃 같다

〈10대, 욕에 중독되다〉라는 프로그램을 학생들과 함께 보고 난 후 느낀 점을 자유롭게 써 오라는 숙제를 내 줬다. 감상문 내용을 보니 학생들도 적잖이 충격을 받은 듯했다. 그런데 한 학생이 쓴 감상문을 검사하다 나도 모르게 웃음이 피식 나왔다.

"욕을 하지 않고 말하려 하니 어색하기만 하고 문맥이 부정확했다. 이런 내게 부족한 것은 어휘라 생각해 도서관에서 책을 빌려 읽었다. 그렇게 습득한 어휘를 쓰고자 말을 천천히 하고 대체어를 썼다. '좆같다'를 '꽃 같다'와 같이 바꾸어 말하기 시작했다. 처음에는 대체어로 천천히 말하는 것이 답답하기만 했지만 끝까지 경청해 주고 대체어를 항상 상기시켜 주는 친구들

덕분에 욕하는 버릇을 많이 고쳤다."

학생들이 만들어 낸 '좆같다'의 대체어는 바로 '꽃 같다'였다. 발음이 비슷하고 음절이 같은 이 단어는 물론 '마음에 들지 않는 일'과 같은 의미로 내뱉는 말이긴 하지만, '꽃 같다'는 말은 겉으로 드러나는 의미가 얼마나 고상한가. 듣기에도 좋고 말하기에도 좋은 단어가 아닐까 싶다.

"야, 나 오늘 기분이 정말 꽃 같아!"

"시험 점수가 왜 이렇게 꽃 같냐."

이렇게 대체어를 쓰고 있을 학생들을 생각하니 절로 웃음이 나왔다. 이 대체어는 어쩌면 숨기고 싶은, 하지만 이미 굳어 버린 그들의 '좆같은' 언어 습관에 한 줄기 빛이 되어 주는 '꽃 같은' 대체어가 아닐까 생각한다.

세상일이 잘 안 풀린다고 해도, "아, 정말 '좆같은' 인생"이라고 말하지 말고, 상큼하고 향기 나는 '꽃 같은' 인생이 될 거라고 말하면 좋겠다. 사람은 말하는 대로, 생각하는 대로 되는 법이니까.

대체어

주옥같다, 꽃 같다

어떤 사물이 몹시 마음에 들지 않거나 보기 싫을 때 흔히 '좆같다'는 말을 쓴다. 물론 이런 말을 쓰는 사람이 많지는 않겠지만, 간혹 자기도 모르는 사이에 입 모양은 이 말을 그대로 좇는 사람들이 있다. 격 떨어지고 질 떨어지는 '좆같다'는 비속어 대신에 발음이 비슷한 '주옥(珠玉)같다' '꽃 같다'는 말을 써 보면 어떨까?

개기다

개기는 데에도 나름의 스타일이 있다

어원

자꾸 맞닿아 마찰이 일어나면서 표면이 닳거나 해어지다, 성가시게 달라붙어 손해를 끼친다는 의미의 '개개다'에서 그 어원을 찾는다. 전자보다 후자의 의미로 많이 쓰다 보니 본래 부정적인 뜻이 없었던 '개개다'가 힘을 잃으면서 어감이 부정적인 '개기다'로 많이 쓰게 되었다. 박박 대들다, 또는 할 일을 하지 않고 버틴다는 뜻으로 사용한다.

남고 개김 스타일 전격 탐구

개기는 사람도, 개김을 당하는 사람도 많은 사회여서 그런지 우리는 일상에서 '개기다'라는 표현을 많이 쓴다. 어른들이 "머리에 피도 안 마른 녀석이 어디서 눈을 부라리면서 개겨?"라고 아랫사람에게 말하기도 하고, 가끔 정신 나간 정치인들은 "감히 국회의원한테 개겨?"라고 개념 없는 발언을 하기도 한다. 사회뿐 아니라 학교에서도 수업 시간에 선생님에게 개기는 학생들이 있는데, 개기는 데에도 나름의 스타일이 있다. 남자 고등학교의 개김 스타일을 전격 탐구한다.

매가리 스타일

늘 책상에 엎어져 있다. 매가리가 없다. 수면제를 먹은 것마냥 아무리 깨워도 미동조차 없이, 열심히 흔들어 깨우는 선생님에게 '소리 없는 개김'을 행한다. 여자 선생님 남자 선생님 차별하지 않고 모든 선생님에게 공평하게 이런 태도를 보이는 것으로 보아 야비하지는 않은 듯하다. 그저 모든 것에 관심이 없을 뿐……. 그들에겐 체벌도 벌점도 무의미해서, 어떤 회유와 협박도 먹히지 않는다. 그저 자게 내버려 두는 수밖에 없다.

깐죽 스타일

수업 시작종이 친 뒤에야 용변을 보는 학생들이 대부분 이 부류에 속한다. 수업 시작종만 치면 쉬는 시간 내내 얌전했던 대장이 요동을 치고 방광이 터질 것 같다고 난리다. 마치 파블로프의 조건 반사 실험을 보는 듯하다. 화장실에 보내 주지 않으면 여기서 똥 싸도 책임질 거냐며 개기기도 하고, 허락이 떨어지면 휴지를 찾는다며 온 교실을 다 헤집고 나간다. 이 부류에 속하는 학생들은 보통 수업 시간에 이리저리 돌아다니거나 쓸데없는 시시껄렁한 이야기를 꺼내 수업 분위기를 최단 시간 안에 엉망으로 만드는 최고 능력자들이다. 그리고 최고로 야비하다. 무서운 선생님 시간에는 쥐 죽은 듯 조용히 있다가, 만만한 선생님 시간이면 슬슬 개긴다. 학생부로 데려간다거나 벌점을 준다고 하면 조용해진다. 지조가 없다.

애정 결핍 스타일

선생님에게 관심받고 싶다. 그런데 공부를 잘하는 것도 아니요 특별히 잘하는 분야가 있는 것도 아니니 선생님의 눈에 들 방법이 없다. 그래서 선생님의 관심을 얻고자 역으로 선생님에게 개기며 화를 돋우어 관심을 받으려 하는 스타일이다. 수업과 전혀 상관없는 질문을 많이 하고, 대놓고 다른 교과서를 펴 놓거나, 필기하라고 하는데 멍 때리고 있거나, 일부러 조는 척을 한다. 그렇지만 악의는 없기 때문에 선생님이 좋은 말로 타이르면 금방 말을 알아듣고 착한 학생으로 변신한다. 그들의 개김은 선생님의 관심을 끌기 위한 것이지, 자신들의 불만을 표출하는 수단이 아니다.

막가파 스타일

잘못 건드리면 다혈질로 변신한다. 갑자기 영웅 심리 게이지가 올라가면서 머릿속에 떠오른 생각을 전혀 거르지 않고 고스란히 내뱉음으로써 교실에서 선생님을 한순간에 웃음거리로 만드는 재주가 있다. 어떤 충고나 훈계도 통하지 않고, 그 순간 가능한 한 개김의 최대 능력치를 선생님과 학생들에게 보여 주고자 한다. 맞을 때도 강인한 정신력으로 버티며 절대 고개를 숙이지 않고, 아픈데도 아프지 않은 척, 간지럽다는 듯 피식 웃는 광기를 부리기도 한다. 처치 곤란이다.

대체어

개개다

요즘은 대부분 '개기다'를 쓰지만 '개개다'가 바른 표현이다. 원하지 않는 어떤 것이 달라붙어서 상대에게 손해를 끼치거나 성가시게 만든다는 뜻으로 쓰는 '개기다'가 워낙 많은 사람들에게 익숙해서 지금 당장 '개개다'로 고치기가 쉽지는 않을 것이다. 그러나 '개기다'는 어감이 부정적으로 느껴지게 하니 의식적으로 고쳐야 할 단어 중 하나다.

띠껍다

인정하고 싶지 않다.
그것이 무엇이든 간에

어원

전라도 사투리인 '티껍다'에서 그 어원을 추측한다. '아니꼽다' '마음에 들지 않다'는 의미가 있는 단어로, '띠껍다'와 발음이며 형태, 의미가 매우 비슷하다.

띠꺼움이 가득한 교실

새 학기가 시작되면 학생들은 수업에 들어오는 선생님에 대한 탐색전을 펼친다. 여자 선생님인지 남자 선생님인지도 궁금하지만, 무엇보다 궁금해하는 것은 선생님이 어느 대학교를 졸업했는가다. 겉으로 드러나는 정보로써 사람을 판단하는 어른들의 영향을 받아서일까? 학생들도 처음 만나는 선생님의 성격이나 분위기를 보는 것이 아니라 하나같이 선생님의 학벌에만 관심을 둔다.

새 학기 첫 시간에 나는 학생들에게 앞으로 일 년 동안의 수업 방향과 수업 규칙을 알려 준 뒤, 나머지 시간에는 학생들이 자유롭게 질문할 시간을 준다. 탐색할 테면 탐색해 보라는 뜻이다. "남자 친구 있어요?" "결혼하셨어요?" 등 이성 선생님이라면 당연히 받을 법한 질문 뒤에 빠지지 않는 질문.

"선생님 어느 학교 나오셨어요?"

학생들이 우러러볼 SKY를 나오지는 못했다. 그렇지만 사실을 밝힌다고 뭐 크게 문제 될 일은 아니다. 좋은 대학을 나왔으면 '우아!' 이러고 말 테고, 그렇지 못한 대학이라 생각하면 속으로 '뭐야' 그러고 말겠지. 뭐 이런저런 계산을 떠나, 그 웅성거림 속에서 호구 조사 당하듯 대답하고 싶지 않은 것은 사실이다. 왠지 첫날부터 학생들의 질문과 반응에 말려들어 가는 느낌이 들기 때문이다.

그래서 난 언제나 한결같이 이렇게 말한다.

"선생님이 나온 학교는 알아서 뭐 하게? 너희도 가려고? 근데 어쩌냐? 너희는 아무리 노력해도 절대 갈 수 없는 곳이야. 그러니까 쓸데없는 소리 말고 책이나 펴라!"

그러면 교실은 술렁이기 시작한다.

"뭐야, 저 아줌마. 뭐라는 거야! 아우, 재수 없어!"

예상했던 대로 이런 분위기가 된다. 학생들 얼굴에는 띠꺼워하는 표정이 역력하다. 이런 반응이 나올 줄 알았지. 나는 영화 〈식스 센스〉의 반전까지는 아니더라도 나름대로 수업 첫날부터 학생들을 놀려 줄 반전을 꾀하고 있었다.

비난이 난무하는 싸늘한 분위기 속에서 나는 나지막하게 말했다.

"선생님, 여대 출신이야!"

그렇다. 나는 여대를 졸업했다. 그러니 당연히 남학생들은 아무리 수능에서 만점을 맞아도, 무슨 수를 써도, 절대로 갈 수 없다. 아! 아주 방법이 없지는 않다. 정확한지 모르겠지만, 우리

학교 무용학과 중 발레리노 전공은 입학할 수 있다고 들은 것도 같다. 어쨌든 이곳에 모여 있는 학생들이 발레리노 지망자라면 모를까, 발레에는 1도 관심 없는 18세의 평범한 남학생들이니 당연히 여대에 갈 수 없지 않겠나. 첫날 반전을 꾀하며 던졌던 한마디에 뜨거움이 가득했던 교실은 다시금 '그럼 그렇지'라는 반응으로 평화를 되찾았다.

부러우면 지는 건데

고등학교 다닐 때, 공부는 안 하고 학교 선생님 좋다고 쫓아다니며 번번이 꼴등을 놓치지 않던 친구가 있었다. 어린 마음에도 참 철없다고 생각했는데, 몇 년 뒤 SNS를 통해 그 친구의 근황을 알았다. 완벽한 페이스 오프(face off) 성공.

그런데 크면서 돈맛만 봤는지 개인 홈페이지에서 허세만 떠는 그 친구의 황당한 행동들이 조금씩 눈에 거슬리기 시작했다. 남자 친구에게 선물 받은 명품 사진 올리기(가격표는 기본), 생일 선물로 남자 친구에게 받은 돈다발 자랑하기(부채표 소화제 상표처럼 돈으로 부채를 만들었다) 등. 팔자 편하게 놀고 먹으면서 이게 진정한 휴식이라는 둥, 힐링이라는 둥, 허세로 가득 찬 그 친구의 일상을 보니 짜증이 나면서 꼴도 보기 싫었다. 한마디로, 정말 띠꺼웠다.

학창 시절 착실히 공부하고 지금까지 하루하루 성실하고 열심히 살아온 소시민인 내게 그 친구의 모든 행동거지가 눈엣가시처럼 느껴졌다. 어쩌면 인정하고 싶지 않았는지도 모른다. 날마다 백수처럼 놀면서도 자기 하고 싶은 일 다 하며 살고 있는 그 친구와 겉으로 보기에 많은 차이가 나는 것처럼 보였기 때문이다. 부러우면 지는 건데, 왠지 내가 그 친구에게 느끼는 이런 띠꺼운 감정은 사실은 인정하고 싶지 않은 현실, 욕을 하지만 사실은 부러운, 그래서 느끼는 질투를 그대로 보여 주는 것 같아서 더 씁쓸하게 느껴졌다.

"우아, 부럽다"를 영어로 표현해 보라고 하면 외국인들은 보통 "I'm jealous (of you)"라고 한다. 솔직하게 질투 난다고 말한다.

그런데 한국인들은 어떤가? 대부분 "I envy you"라고 한다. 겉으로 보면 단순히 부럽다는 말처럼 느껴지지만, 사실 이 표현에는 부러움을 넘어선 질투, 약간의 미워하는 마음까지 포함되어 있는 듯하다. 늘 내가 중심이고 싶은데 저 사람이 중심인 것 같은 불안한 이기심. 끝이 보이지 않는 민망한 욕심. 뭔가 복잡하고 미묘하고 썩 기분 좋지는 않은, 정체 모를 기분. 이것이 바로 envy라는 단어로 포장된, 띠꺼움 속에 숨어 있는 나의 본래 마음은 아닐까?

사용 Tip

❶ 보통 동창회에 다녀오면 많이 사용하게 된다.

❷ 사람에게 사용하는 단어다.

❸ 부럽다는 증거로 보일 수 있으므로 겉으로 드러내지 않는다. 부러우면 지는 거다.

❹ '띠꺼움 유발자'에게 직접 사용하지 않는다. 싸움 날 수 있다.

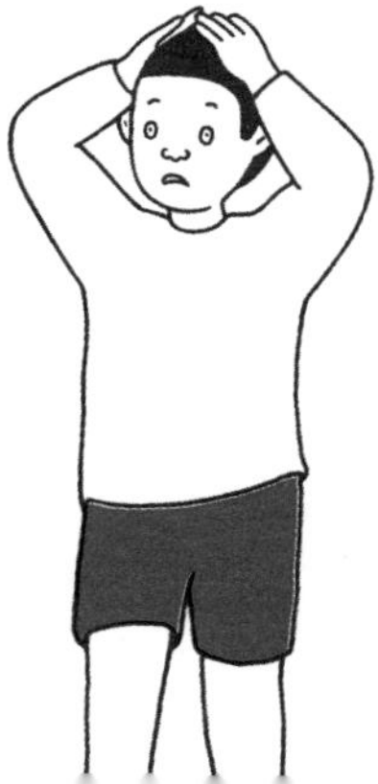

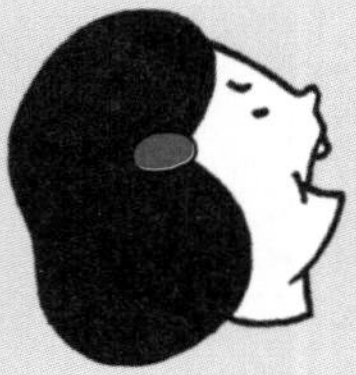

개새끼

인간들의 또 다른 이름

어원

❶ 개새끼는 개들끼리의 근친상간을 통해 태어난 것으로, 도덕관념이 없고 상스러운 생명체라는 의미가 있다.

❷ 백제 31대 의자왕은 계백 장군이 신라군에 패하여 백제가 멸망하자, 만나는 사람마다 장차 나라를 다시 일으키는 사람이 되라는 뜻으로 '개세기(開世機)'라 불렀다. 그러나 신라 쪽에서 의미를 알아 버리고 비하하는 의미에서 된소리로 발음하면서 '개새끼'가 되었다고 한다.

새끼 개와 개새끼.
순서에 따라 의미도 달라지는,
신기하고 재미있는, 그러나
마치 '님'이라는 글자에 점 하나 찍으면
'남'이 되는 것마냥
귀여움과 상스러움 사이에서
언어의 마술을 경험하는 것 같다.

거지 같다

정말 가난하다면
가슴이 아플 것이다

어원

거지는 인간이 살아가는 데 기본적으로 필요한 조건인 의식주를 갖추고 있지 않다. 그러니 지금 상황이 만족스럽지 않으며, 자아실현 따위는 그들에게 사치일 뿐이다. 거지들의 이런 모습에 빗대어 '거지 같다'는 말을 쓴다. 만족스럽지 않다, 마음에 들지 않는다는 말과 상통한다.

거지 같은 비속어 수업

남고에 발령받아 남학생들과 부대끼며 거친 언어 습관에 젖은 내가 가장 많이 입에 달고 산 비속어가 있었으니, 그것이 바로 '거지 같다'였다.

수업 시간에 조용히 하라고 열 번을 말해도 자기들끼리 떠들 때, 엎드려 자는 아이를 살살 달래 가며 일어나라고 말해도 절대 듣지 않을 때, 수업 시간에 정신 나간 사람처럼 교실을 돌아다니며 수업을 방해할 때, 내 기분을 가장 잘 대변해 주는 단어는 '거지 같다'이다.

이 단어와 의미가 비슷한 '센 말'들이 많이 있겠지만 아무리 그래도 정규 교육을 받고 나름 교양이 있다고 생각하는 내가 학생들에게 "이 새끼들이 진짜 말 안 듣는구나! 오늘 정말 기분이 좆같네."라고 말할 수는 없지 않은가? 너무 강하지 않으면서 나름 부드러운 비속어로 찾아낸 것이 바로 '거지 같다'였다.

탄탄한 비속어를 바탕으로(?) 하는 내 수업은 화기애애하고 재미있었다. 정말 희한한 일은, 남학생들은 이렇게 비속어를 섞어서 수업을 하면 좋아한다는 거다. 이상한 현상이다. 아이들이 쓰는 비속어를 씀으로써 학생들과 소통하는 능력이 더 길러졌다.

"너희들 오늘 수업 태도가 아주 거지 같구나."

"오늘 선생님 기분이 좀 거지 같으니까 건드리지 마라!"

입에 착착 달라붙는 '거지 같은' 말로 나의 '거지 같은' 비속어 수업은 그렇게 계속되었다.

저희 집이 정말 가난한데

한 학기가 지나고 나의 이런 언어 습관에 익숙해질 즈음, 교원 평가가 치러졌다. 교원 평가란 대학교에서 수강하는 과목과 교수님을 평가하는 것처럼 학생들이 내 수업을 평가하는 제도다. 분명 인기투표로 전락하리라는 우려가 있었지만, 어쨌든 지금까지도 시행되는 제도이긴 하다. 나는 여전히 인기투표에 불과하다고 생각하지만 말이다.

한 달 동안 이루어진 교원 평가, 그 찜찜한(?) 상자를 열어 보면 기분이 썩 좋을 리 없다. 이게 수업 평가인지 인기투표인지 외모 평가인지 구분하지 못하는, 참 수준 떨어지는 고딩이 몇몇 있기 때문이다. 올해도 마찬가지로 내 교원 평가 자료에는 외모를 두고 토론의 장이 펼쳐졌다. 쭉 읽어 나가면서 속으로 '내가 무슨 연예인이니, 내 외모가 무슨 상관이니, 나 그냥 이대로 살게 내버려 둬, 그래도 우리 엄만 내가 젤 예쁘댔어!' 이렇게 생각할 즈음, 갑자기 뒤통수를 한 대 맞은 것처럼 띵~ 하는 느낌을 주는 한 줄이 눈에 들어왔다. 가슴이 먹먹해지고 식은땀이 났다.

"선생님 수업 잘 듣고 있어요. 그런데 선생님이 쓰시는 '거지 같다'는 표현은 안 하셨으면 해요. 저희 집이 정말 가난한데, 그 말을 들을 때마다 뜨끔하고 너무 가슴이 아픕니다."

정말 머리를 한 대 맞은 기분이었다. 수업 시간에 학생들한테 강하게 보이겠다고 쓰던, 다분히 장난기가 철철 넘치는 '거지 같다'는 말에 정말 상처받는 학생이 있으리라고는 한 번도 생각해 본 적이 없었기 때문이다. 선생으로서 너무 부끄럽고, 상처받았을 그 학생에게 너무 미안해서 한동안 얼굴을 들고 수업에 들어갈 수가 없었다.

그 뒤로 나는 학생들 앞에서 '거지 같다'는 말을 쓰지 않는다. 말을 조심하려고 무척 노력하고 있다. 물론 정신이 혼미해지는지 제정신 못 차리는 학생의 발언이나 행동 등 열 받을 만한 상황에 맞닥뜨리면 머릿속에서 거르지 않고 입에서 곧바로 튀어나오는 말들이 있기는 하다. 나도 사람이니까. 가끔은 수업 시간에 학생들을 휘어잡으려면 세어 보이는 말(?)도 필요하다고 생각하지만, 상황에 따라 분명 써도 되는 말이 있고 쓰면 안 되는 말이 있다는 점을 정말 뼈저리게 느낀다.

좀 더 상큼하면서도 세어 보이는 분위기를 자아내고, 수업 분위기를 재밌게 만들며, 학생들과 소통하면서 상처를 주지 않는 그런 비속어 어디 없을까?

개떡 같다

이 기분을
만들어 내는 것은
나 자신이다

어원

개떡은 밀가루나 보릿가루, 노깨 또는 메밀 속껍질 등을 반죽하여 아무렇게나 반대기를 지어 찐 떡을 말한다. 손으로 대충 만진 둥글넓적한 모양이고 먹음직스러운 색깔도 아니다. 이런 떡의 모습이나 맛에 빗대어 못생기거나 나쁘거나 마음에 들지 않는 것을 가리킬 때 '개떡 같다'는 표현을 쓴다.

남과 비교하면 기분이 개떡 같아진다

블로그를 시작한 지 얼마 안 되었을 때 일이다. 여행, 맛집, 요리, 이 세 박자를 고루 갖춘 블로그를 만들려고 했는데 생각보다 쉽지 않았다. 나는 열심히 게시물을 올리지만 블로그에 들어오는 사람들이 없었기 때문이다. 식당도 개업하기 전에 같은 업종의 인기 가게를 먼저 탐문해 보는 것처럼, 나도 인기 블로그를 살펴보고서 나만의 블로그 전략을 짜야겠다 생각하고 인기 블로그를 살펴보기 시작했다.

여행 블로그, 맛집 블로그도 인기였지만 무엇보다 사람들에게 인기 있는 블로그는 럭셔리 블로그였다. 럭셔리하게 살고 있는 주인공들이 자신의 일상을 포스팅 하는 블로그였다. 사실 글이 재밌다든지, 유용한 정보가 많다든지, 사진을 잘 찍어 올린다든지 특별한 점은 없었다. 그런데도 사람들은 럭셔리 블로거들의 포스팅을 보며 "정말 예뻐요!" "잘 어울려요" "피부가 도자기 피부네요" "너무 부러워요!"라며 시녀 필 충만한 내용으로 댓글을 도배하고 있었다. 처음에는 '뭐야, 이 사람들!' 하고 콧방귀를 뀌면서 인기 전략을 탐구하기 위해 그 블로그들을 들락거렸는데, 재미도 정보도 없는 그 블로그들이 괜히 궁금해져서 자꾸 찾아가게 되었다. 엄마가 저녁을 뭐 먹었는지는 궁금하지 않아도, 그 블로거가 오늘은 무얼 먹었을까 살피게 되었다. 곰곰이 생각하다가 무릎을 쳤다. 곧 허탈감이 느껴졌다.

인기 블로그들의 전략은 바로 사람들이 갖고 싶어 하는, 그러나 가지지 못하고 가질 수 없는, 그녀들은 가지고 있는 이런 저런 럭셔리 아이템이었던 것이다. 나는 럭셔리 아이템을 살 돈이 없고, 그래서 평생 가질 수 없을지도 모르지만, 여자라면 하나쯤 갖고 싶어 하는 에르메스 버킨백을 깔별로 가진 그녀들, 나는 밥이 입으로 들어가는지 코로 들어가는지도 모르는 채 학생들과 사투를 벌이는 점심시간에 호텔에서 여유롭게 브런치를 즐기는 그녀들, 마치 슈퍼마켓에서 생필품 사듯 백화점에서 명품 아이템들을 사 대는 그녀들의 삶이 왠지 지금껏 당당하게 잘 살아온 나의 삶을 비참하게 만드는 듯해서 순간적으로 기분이 개떡 같아졌다. 일반인으로서는 말도 안 돼 보이는 그들의 일상과 내 일상을 비교하며 나 스스로가 나를 초라하게 만들고 있었다.

며칠 동안 왠지 모를 공허감에 휩싸여 있던 나는 참 단순하게도 럭셔리 블로거들의 삶은 비현실적이라는 결론을 내렸다. 나와는 다른 세상의 사람들. 그러니 비교해 봤자 소용없다는 나만의 주문이랄까. 그러고 나니 그들의 삶도, 내 삶도 그 자체로 소중하고 존중받아야 한다는 마음을 품게 되었다.

세상에는 참으로 다양한 부류의 사람들이 있다. 그들의 삶과 내 삶을 하나하나 비교하다 보면 행복할 수 있는 사람이 과연 몇이나 될까? 남과 나를 비교하기 시작하는 그 순간 나의 행복은 반감되고, 나의 삶은 구차스러워지고, 나의 기분은 개떡 같아질 수 있다는 함정이 도사리고 있다는 점을 알아야 하지 않을까?

개떡처럼 맞은 날

중학교 3학년 때 수학 선생님 이야기다. 나는 그때 수학부장을 맡고 있었다. 어느 날, 제곱근을 배우는 시간이었다. 제곱근은 중학교 3학년 때 처음 배우는 개념이라 그런지 선행 학습을 했는데도 머리가 잘 돌아가지 않았다. '3의 제곱근은 무엇일까요?' '제곱근 3은 무엇일까요?' 이 두 가지가 가장 헷갈리는 문제였다. 지금 봐도 가끔 헷갈린다.

그런데 그날은 수학 선생님의 기분도 개떡 같은 날이었나 보다. 조폭들이 쓸 법한 두툼한 몽둥이를 들고 교실에 들어왔다. 그러고는 책도 펴기 전에 갑자기 학생들에게 3의 제곱근과 제곱근 3을 묻기 시작했다. 첫 번째 학생에게 3의 제곱근을 묻자 학생은 "$+\sqrt{3}$"이라고 답했다. 선생님은 두 번째 학생에게 다시 물었다. 두 번째 학생은 고민하다가 "$-\sqrt{3}$"이라고 답했다. 첫 번째 학생이 틀렸기 때문에 자기한테 순서가 돌아왔다고 생각한 것이다. 이렇게 열 명쯤 돌리다 보니 $+\sqrt{3}$, $-\sqrt{3}$, $\pm\sqrt{3}$, $\sqrt{3}$, 3 등 답이 다양하게 나왔다. 결국 수학 선생님은 "수학부장!" 하고 외치더니 부리부리한 눈을 반짝이며 몽둥이를 만지작거렸다. 나는 오지선다에서 머리를 굴리다가 기어 들어가는 목소리로 "$+\sqrt{3}$이요"라며 소신껏 말한 덕분에 우리 반 학생들 대표로 앞에 나가 틀린 학생 수만큼 그 두툼한 몽둥이로 정말 개 맞듯이 맞았다. 정답은 $\pm\sqrt{3}$이었다.

지금 생각하면 그놈의 수학 문제가 뭐라고 그렇게 나를 개 패듯이 팼는지, 대체 왜 수학 시간마다 공포심에 덜덜 떨게 했는지 여전히 이해가 가지 않는다. 나, $\pm\sqrt{3}$ 몰라도 지금 전혀 상관없이 잘 살고 있거든요?

물론 이따금 학생들이 "미적분 배워서 어디에다 써먹어요?" "한국에서 살 건데 영어가 꼭 필요해요?"라고 물을 때면 참으로 난감하다. 당장 수업 시간에 배우는 내용인데 필요하지 않다고 말할 수는 없는 노릇이다. 그럴 때는 글로벌 사회에서 다른 사람들과 함께 살아가면서 갖춰야 할 '기본 소양'이라고 말은 거창하게 한다. 그럴 때는 내 대답도 참 개떡 같다.

사용 Tip

❶ 성격, 얼굴, 행동, 기분 등 다양한 상황에서 쓸 수 있다.

❷ 극단적인 표현이 꼭 필요할 때만 사용한다.

❸ 내 상황에 적용해서 사용해야 한다.

❹ 다른 사람에게 사용하면 갈등이 빚어질 수 있으니 주의해야 한다.

빼도 박도 못하다

뜨거운 감자

어원

간통을 하려는 남자와 여자가 막 사랑을 나누려는 순간, 여자의 남편이 들이닥쳤다. 그러면 하던 행동을 그대로 하지도 못하고 그만두지도 못하는 난감한 상황이 된다. 이러지도 저러지도 못하는 진퇴양난의 순간을 묘사할 때 이런 모습에 빗대어 '빼도 박도 못한다'고 말한다.

살아 보고 결정한다?

혼인 신고를 하러 구청에 갔다. 결혼식은 치렀지만 왠지 서류에 도장 찍어 줘야 진짜 부부라는 의식과 책임감, 의무감 따위가 생길 것 같아서 이런 절차를 얼른 해치워 버리고 싶었다. 그런데 주변에서는 왜 이렇게 혼인 신고를 서둘러 하느냐는 반응이었다.

공공연하게 "혼인 신고는 살아 보고 해!"라며 조언 아닌 조언을 해 주는 지인도 있었다. 혼인 신고 안 하고 살아 보는 것. 이게 요즘 신혼부부들 사이에 유행이란다. 이거야말로 완전한 컬처 쇼크다.

예전에 젊은이들 사이에서 동거가 유행한 것처럼 요즘에는 혼인 신고를 하지 않고 사는 신혼부부가 많다고 한다. 혼인 신고부터 하면 빼도 박도 못하니 우선 같이 살아 보고, 그다음에 결정해도 늦지 않겠다는 생각이 지배적이기 때문이다. 사실상 동거나 마찬가지다.

어차피 할지도 모를 이혼이니 호적에 볼썽사나운 흠집 남기지 말고 복잡한 서류상의 업무도 건너뛰고 미래를 대비하자는 것. 유비무환은 바로 이럴 때 쓰라고 생겨난 말인가?

한국의 이혼율이 높아졌다고는 하지만 사실상 이혼녀, 이혼남이라는 딱지는 사회에서 환영받지 못한다. 그러니 괜히 한때의 불같은 사랑에 목매서 빼도 박도 못하는 짓 하지 말고 쿨하게 살아 보고 결정하자는 논리다. 물건 사서 써 보고 영 아니다 싶으면 얼른 반품하듯, 인륜지대사인 결혼도 혼인신고 안 하고 좀 살아 보다가 아니다 싶으면 애먼 증거 남기지 말고 빠이빠이 하고 서로 갈 길 가자는 것. 아주 효율적(?)인 것 같으면서도 한편으로는 인간미가 없는 이런 가벼운 사고방식을 지닌 사회에 정나미가 떨어진다.

결혼하고 나서 살아 보니 정말 안 되겠다 싶어서 이혼을 결정하는 사람들에게는 혼인 신고를 하지 않은 것이 불행 중 다행일지도 모른다. 그렇지만 결혼 생활을 행복하게 꾸려 가기도 전에 벌써 이혼을, 불행한 미래를 염두에 두는 것 같아서 왠지 씁쓸하기만 하다.

비켜 갈 비빌 언덕을 내주자

어릴 때는 이래저래 엄마한테 혼날 일이 많았다. 이때 엄마는 먼저 나의 죄를 캐묻고 나는 내 죄를 순순히 인정해야 하는 비합리적이고 곤혹스러운 절차를 강제로 따라야 했다. 나는 그 때마다 나름대로 기지를 발휘하여 묵비권을 행사했는데, 그러면 엄마는 나에게 "왜 대답을 안 해? 엄마 말이 말 같지 않아?"라고 물었다. 어쩔 수 없이 이제 내 잘못을 인정해야 할 때라고 생각하고 입을 열었다.

"그게 아니라……."

그런데 그 순간 엄마는 내 말을 자르고 중간에 끼어들어 이렇게 말했다.

"엄마가 말하는데 어디서 말대꾸야?"

억울한 마음에 울면 엄마는 또 이렇게 말했다.

"뭘 잘했다고 울어?"

"…… 잘못했어요."

그렇다. 이럴 때는 그냥 잘못했다고 말하는 게 가장 빠르고 쉬운 길이다.

훈계하던 선생님을 학생이 때렸다든지, 집에 가는 길에 해코지했다든지 하는 기막힌 기사를 가끔 접한다. 그래서인지 학생들을 훈계할 때는 조금 더 조심스러워지는 게 사실이다. 그런데 내가 훈계할 때 다른 곳을 쳐다보며 불량한 태도를 보이는 학생들이 있는데, 그럴 때면 나는 "어딜 보는 거야? 눈 똑바로 쳐다봐!"라고 강하게 말한다. 이렇게 말하면 학생은 내가 말한 대로 나를 쳐다본다. 그 눈빛이 참으로 반항적이어서 꼭 나를 째려보는 듯한 기분이 든다. 그러면 나는 또 "왜 그렇게 쳐다봐? 뭘 잘했다고!"라고 꾸짖는다. 갑자기 내 앞에 서 있던 학생은 울상이 된다.

"선생님……."

"왜? 뭐?"

"도대체 어떻게 하라는 거예요?"

어른들과 이야기하다 보면 이래도 잔소리, 저래도 잔소리 듣는 경우가 많다. 그러다 보니 이러지도 저러지도 못하는 난감한 상황이 자주 생긴다.

그런데 나도 어른이 되니 엄마가 내게 한 것과 똑같이 학생들에게 숨 쉴 구멍을 주지 않고 이러지도 저러지도 못하게 구석으로 몰아가는 것이 느껴진다. 어른이라는 이유 하나만으로 아이들을 강제할 권리가 있는 건지, 이런 행동들이 어른으로서 과연 잘하는 짓인지 가끔 머리가 복잡하다.

아이들에게도 그 순간 비켜 갈, 조금은 비빌 언덕을 내주어야 하지 않을지, 가끔씩은 다 알고 있지만 모르는 척 허허 웃으면서 넘어가는 그런 여유로운 마음이 필요하지는 않을지 생각해 볼 일이다.

대체어

이러지도 저러지도 못하다

'빼도 박도 못하다'는 그 어원을 남녀의 성행위에서 설명한다. 워낙 속된 표현이라 입에 담기 민망한 말인데, 우리는 일상에서 관용구처럼 흔하게 사용한다. 물론 그 의미를 제대로 모르고서 말이다. 상황을 있는 그대로 생동감 넘치게 전하고자 이런 표현을 쓰기는 하지만 부끄럽고 낯뜨거운 표현이다. 그러니 한자어로 '진퇴양난'이라고 유식해 보이게 말하든지, 순우리말을 써서 '옴짝달싹 못하다'고 말하든지, '이러지도 저러지도 못하다'라고 말하는 편이 좋을 것 같다.

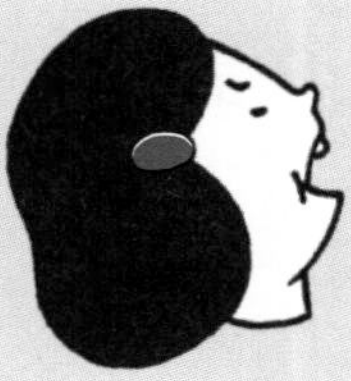

구리다

진실이 드러나는 순간

어원

'구리다'는 '똥이나 방귀 냄새와 같다' 또는 '하는 짓이 더럽고 지저분하다'는 뜻의 단어다. 국어사전에 표준어로 올라 있다. 그러나 단순히 더럽거나 지저분하고 냄새가 날 때 쓰기보다 '마음에 들지 않는' 또는 '촌스러운' 사람을 깎아내리는 표현으로 사용하기 때문에 비속어로 구분하기도 한다.

모든 것이 그렇듯
겉으로만 봐서는
본질을 제대로 알 수가 없다.
사람도 몇 번 만나 보고
이야기를 나눠 봐야
그 사람을 제대로 알 수 있다.

뻘쭘하다

지구인이 아닌 화성인처럼 느껴지는 나

어원

'민망하다' '어색하다'를 속되게 이르는 말로, 부사인 '얼쯤'에서 비롯되었다고 추측한다.

뻘쭘함을 일으키는 두 가지 요소, '혼자'와 '오랜만에'

내 인생에 '혼자' 밥을 먹는 것은 용서가 안 되는 일이었다. 왠지 혼자 밥을 먹으면 처량해지는 기분을 감출 수 없고, 무엇보다 혼자라는 자체가 자꾸만 신경이 쓰인다. 대학 동기들은 다 졸업했는데 휴학 때문에 한 학기를 더 다녀야 했던 나는 혼자 밥 먹을 때의 뻘쭘함을 견뎌 내기가 싫어서 미련하게 온종일 굶거나 우유로 연명한 적이 많았다.

주변 사람들의 반응이 나와 다를 때도 좀 뻘쭘하다. 나는 아주 재미있고 감동적인데 다른 친구들은 뜨뜻미지근한 반응을 보일 때, 다른 사람들과 내 의견이 다를 때, 나만 혼자 딴생각을 할 때, 이런 마음을 들키면 지구인이 아닌 화성인처럼 느껴지면서 왠지 뻘쭘함을 감출 수가 없다.

'오랜만에' 먼저 연락해야 할 때도 좀 뻘쭘하다.

무슨 말을 해야 할까? 너무 오랜만이라 상대방이 이상하게 생각하면 어쩌지? 별별 걱정은 부록으로 돌아다닌다. 특히 오랫동안 연락하지 않고 지낸 선생님이라면 더더욱 연락드리기가 뻘쭘하다. 상대방이 잘 지내는지 궁금한 마음과 엄청 반가운 마음이 일어나는 것이 정상인데, 연락하기 전부터 뻘쭘하고 두렵기만 한 것을 보면 연락을 끊어야 할 사이는 아닐까 하는 생각도 든다.

혼자서 무언가를 오랜만에 했을 때 느끼게 되는, 다른 단어로는 표현할 수 없는 이 난감한 감정. 이것이 바로 뻘쭘함이다.

뻘쭘함을 피하는 방법

길을 가다가 나와 똑같은 옷을 입은 사람을 볼 때가 있다. 똑같은 옷이라도 입은 사람에 따라 그 느낌이 달라 보이지만, 내가 더 잘 어울린다 해도 같은 옷을 입은 사람을 만나게 되면 뻘쭘함을 감출 수가 없다.

별로 친하지 않은 이웃과 엘리베이터를 탈 때도 엄청나게 뻘쭘하다. 엘리베이터라는 좁은 공간 자체가 낯선 사람을 더욱 낯설게 느끼게 하는 것 같다. 그러니 1분이 10분처럼 느껴질 수밖에. 보통 사람들은 뻘쭘함을 피하기 위해 층수마다 불이 켜지는 숫자판을 바라본다. 숫자가 올라감에 따라 고개가 위쪽으로 조금씩 움직이는 것은 바로 지금 이 순간이 아주 뻘쭘하다는 증거다. 그럴 때 멀뚱멀뚱 가만히 있으면 엘리베이터 안은 더 고요하고 더 뻘쭘해진다.

이럴 때 뻘쭘함을 피하는 가장 좋은 방법은 인사를 하는 것이다. 우선 탈 때 인사를 하면 한 층은 잡아먹고, 내릴 때 인사를 하면 또 한 층은 잡아먹는다. 귀여운 아기가 있다면(귀엽지 않아도 내가 귀엽다고 생각하면 된다) "아기가 참 예쁘네요!" "몇 개월 됐어요?" 또는 "몇 살이에요?"라는 간단한 질문으로 두 층 정도는 더 잡아먹을 수 있다. 보통 이렇게 먼저 인사를 건네면 서로 상대방에 대한 경계심이 무너져서 분위기가 부드러워지고, 아이들은 이웃을 만나서 인사하는 좋은 습관을 키울 수 있다.

이보다 더 적합할 수 없다

며칠 전 귀갓길, 나는 친구와 신나게 통화하면서 엘리베이터 13층을 눌렀다. 날마다 익숙하게 하는 행동이라 아무 생각 없이 문이 열리기만을 기다렸고, 문이 열리자 왼쪽으로 갔다. 13층에서 내려 왼쪽으로 가면 우리 집이다. 문 앞에 도착한 나는 익숙한 동작으로 키패드를 손바닥으로 꾹 누른 뒤 문이 열리기를 기다렸다. 그런데 오류가 생겼는지 "삐용 삐용 삐용" 소리가 들렸다. 기계도 가끔 실수할 때가 있는 법. 소리가 멈추자 다시 한 번 키패드를 꾹 눌렀다. 이번에도 "삐용 삐용 삐용" 소리만 들리고 문이 열리지를 않았다. 이렇게 연속으로 두 번이나 오류가 난 적은 없었는데. 안 되겠다 싶어 가방에서 스마트키를 찾고 있는데, 안쪽에서 누가 문을 열면서 물었다.

"누구세요?"

우리 집과 다른 거실 인테리어, 그리고 내가 알지 못하는 사람의 등장. 순간 깜짝 놀란 나는 현관 문 앞에 적힌 호수를 재빨리 쳐다보았다. 1202호. 여긴 1202호였다. 우리 집은 1302호다. 나는 13층을 누른다는 게 12층을 누른 거고, 당연히 13층이라 생각하고 문을 열기 위해 키패드를 여러 번 눌렀던 거다. 집에 있던 사람은 얼마나 황당했을까 싶지만 나는 더 난감했다. 등에서 식은땀이 흐르고, 창피해서 쥐구멍이라도 있으면 들어가고 싶었다. 그야말로 정말 뻘쭘했다. 그 순간의 내 심정을 '뻘쭘했다' 말고 달리 표현해 줄 만한 단어가 있을까?

표준어는 아니지만 이것을 대체할 다른 말로는 내 모든 감정을 표현하기 어려울 때가 있다. 말버릇처럼 쓰는 사람도 있겠지만, 어떤 상황이나 느낌을 전달하기에 적합한 표현이 떠오르지 않을 때 쓰는 이런 말들은 허용해야 하지 않을까?

뽀록

과업으로 여기는 순간 인생은 불행해진다

어원

❶ 일본어 '보로' [ぼろ(襤褸)]에서 왔다는 설. 보로는 넝마·누더기라는 의미인데, 지금은 허술한 것 또는 결점을 가리킨다. 따라서 '뽀록나다'는 허술한 것(결점)이 드러나는 것을 말한다.

❷ 당구에서 운 좋게 공이 맞아 점수를 얻을 때 쓰는 용어 'fluke(플루크)'에서 유래했다는 설. 플루크가 일본식 발음으로 후루꾸라 읽히고, 이것이 뽀록이 되었다고 한다.

삶을 변화시키는 한순간, 인생의 뽀록

사람이 태어나기 위해서는 정자와 난자가 몇억만 분의 일이라는 경쟁률을 뚫고 만나야 한다. 우리 몇 월, 몇 일, 몇 시에 보자 약속하고 정자와 난자가 만나는 게 아니라 어느 누구도 조정할 수 없는 자연의 이치에 따라 그렇게 인간의 삶이 시작되는 것이다. 어떤 노력이라기보다는 타이밍을 기가 막히게 잘 맞춰 만난 정자와 난자의 결합으로 태어난 아이. 이것이 바로 뽀록이다. 인생은 바로 뽀록으로 시작되는 것이다.

어릴 때 많이 읽은 영웅 소설에서는 조력자들이 등장해 주인공의 삶을 변화시켜 주는 경우를 쉽게 보게 된다. 애먼 곳에 갇히면 구출해 주고, 막다른 길에 다다르면 길을 만들어 준다. 어려운 상황에 맞닥뜨릴 때, 예정에 없던 인물이나 물건에 의해 새로운 길을 찾게 되는 영웅들. 바로 이 주인공들의 영웅적인 삶도 알고 보면 우연한 기회가 안겨 준 뽀록의 삶이다.

빌 게이츠가 도서관 하나 없는 아주 외딴 시골 마을에서 태어났더라면, 초등학교 시절 사고뭉치였던 스티브 잡스를 유일하게 이해하고 통제한 이모진 힐 선생님을 만나지 못했더라면, 지금의 마이크로소프트와 아이폰이 존재할 수 있을까? 그것이 가난이든 부유함이든, 이별이든 만남이든 간에 이들의 삶에 정해지지 않은 그런 우연한 기회가 있었기에 그들의 삶이 많은 사람들에게 의미 있는 것이다. 어릴 때 만난 선생님에 의해 내 꿈을 재단하고, 어릴 때 본 연극 한 편으로 인해 연극배우가 되기로 마음먹고, 구치소에서 만난 목사님의 설교 말씀으로 범죄자가 종교에 귀의하여 새로운 삶을 시작하고, 도서관에서 우연히 본 책이 내 삶을 변화시키는 모든 인생의 한순간들. 바로 이런 순간순간이 알고 보면 노력에 의한 것이 아니라 우연히 내게 찾아오는 뽀록이다. 그러니 우리의 인생 자체는 뽀록이라고 해도 과언이 아니다.

같은 자리에서 벼락을 다섯 번 맞을 확률

나는 외국 동전을 모으는 습관이 있다. 이런 습관의 시작은 해외여행 뒤에 남는 동전을 처리하기 위한 단순한 이유에서였다. 그런데 점점 모이는 동전을 보며 전 세계 돈의 흐름이 내 손바닥 위에서도 이뤄지고 있다고 생각하니 괜히 기분이 우쭐해졌다. 시간이 흐르면 언젠가 이 동전들이 값을 매길 수 없을 정도로 가치가 높아질지도 모른다는 바람과 동전 모으기는 돈이 많이 들지 않는 취미라는 현실적인 이유도 다양한 크기와 가치의 외국 동전을 모으는 데 한몫했다. 10원의 가치가 있는 동전이 언젠가는 천만 원이 될지도 모른다는, 마치 비트코인 같은 허황된 꿈으로 변질된 나의 동전 모으기. 이 외국 동전 모으기는 뽀록을 바라는 내 마음 한편을 그대로 비추고 있는 취미다.

많은 사람들이 뽀록을 바란다. 학생들은 평소에 공부도 안 하면서 수능 때 잘 찍어서 일명 수능 대박이 났으면 하고, 어른들은 5천 원 주고 산 로또가 20억으로 뻥 튀겨지기를 바란다.

뽀록을 기대하는 사람들의 마음은 다 똑같다. 적은 비용과 노력을 들여 최고의 효과를 누리고자 하는 것이다. 그렇지만 현실은 냉정하다. 5천 원 주고 산 로또가 20억이 될 확률은 814만분의 1로, 한자리에서 벼락을 다섯 번 연속으로 맞을 확률, 한자리에서 자동차에 다섯 번 치일 확률, 기초도 없는 사람이 하루 공부해서 서울대 갈 확률보다 더 낮다고 한다.

그러니 뽀록은 그저 작은 희망의 대상이 되어야 한다. 작은 설렘이나 기대의 대상이 되어야 인생이 좀 더 즐거워질 수 있다. 뽀록에 집착하거나 뽀록에서 헤어나지 못하는 사람은 인생이 단 한 번의 충격만으로도 휘둘릴 수 있다. 그저 바람이 되어야 할 뽀록이 과업처럼 여겨지는 순간, 내 인생 자체가 불행해질 수 있다는 점을 명심해야 한다.

대체어

우연이다, 운이 좋다, 들통나다

뽀록은 스스로 노력해서 이룬 성과가 아니라 운이 좋아서 생긴 일을 뜻한다. '우연이다' '운이 좋다'는 말로 바꿔 쓸 수 있다. 반면에 '뽀록나다'는 거짓말한 사실이 밝혀지는 것을 뜻하는 말로, '들통나다'로 바꿔 쓸 수 있다. 같은 단어라도 뒤에 붙는 품사가 무엇인지에 따라 의미가 전혀 달라질 수 있다.

막장

희망, 긍정의 단어

어원

막장은 광산의 맨 안쪽 끝에 있는 막다른 곳이다. 길이 없어 길을 내 가며 작업해야 하기 때문에 언제 굴이 무너질지 모르는, 광산에서 가장 위험한 곳이다. 그러나 먹고살기 위해서 죽음을 무릅쓰고 이곳에 들어가 일해야 하는 최악의 상황. 바로 이런 상황을 우리는 막장이라고 일컫는다.

통쾌함과 위로를 얻는 막장 드라마

'막장 드라마' '인생 막장' '막장 모드' '막장 중학생' '막장 결말'…….

언제부터인지 막장이 이런저런 단어에 조합되어 쓰였다. '갱도의 끝'을 가리키는 막장이 '엉망'을 표현하는 뜻으로 사용되더니, 다른 단어들과 조합되어 새로운 용어를 만들어 낸 것이다. 언어의 조합이란 참 신기하다. 광산과 아무 관계도 없는 다른 단어에 붙어 부자연스러운데도 사람들 사이에서 너무나 자연스럽게 널리 쓰이니 말이다. 특히나 '막장'을 붙여 가장 자연스럽게 쓰는 '막장 드라마'에는 사람들이 쉽게 거부하기 힘든 달콤한 매력이 있다.

사람들은 자극적인 소재에 반응하며, 상황이 말초적이고 자극적으로 설정되어야 재미있고 신선하다고 느낀다. 그래서 복수하려던 상대가 사실은 친아버지였다든지, 가장 친한 친구와 남편이 바람을 피웠다든지 하는 자극적인 소재에 열광한다. 그런 말도 안 되는 설정을 사람들은 처음에는 막장이라고 욕하며 눈살을 찌푸리면서도 그 자극적인 드라마에 빠져드는 것이다.

선남선녀의 가슴 절절하고 아름다운 사랑 이야기보다는 가족

사의 비밀을 안고 복수하는 모습을 보며 통쾌함을 느끼고 대리 만족을 한다. 우리 인생 자체가 물고 뜯고 싸우는 막장 드라마처럼 힘들고 외롭고 쓸쓸하기 때문일지 모른다. 그러다 보니 막장 드라마의 비상식적인 설정마저도 다 우리네 인생처럼 생각되고, 약자가 강자에게 복수하는 장면에서는 통쾌함을 느끼고 위로받는다. 어쩌면 막장 드라마는 현실성 없는 것이 아니라 굴곡진 현대를 살아가는 우리 인생사의 민낯을 보며 통쾌함을 느끼고 간접적으로나마 위로를 얻을 수 있는 힐링 드라마일지 모른다.

꿈이 없는 것이 진짜 막장이다

요즘 아이들에게는 꿈이 없다. 내가 어릴 때는 하고 싶은 게 너무 많아서 문제였는데, 지금은 그때보다 환경이 훨씬 좋은데도 자기가 무엇을 하고 싶은지, 앞으로 무엇을 해야 할지 고민조차 없다. 아이들의 적성을 고려하지 않고 "공무원이 최고야!" "너는 월급이 꼬박꼬박 나오는 회사원이 돼라!"며 미래를 단정 짓는 부모님들의 한마디가 이들의 지금 모습에 큰 영향을 끼쳤을 것 같다. 물질 만능주의에 찌들어 자기가 하고 싶은 일보다 돈이 되는 일에 더 큰 관심을 보이는 아이들의 모습이, 그 아이들의 청춘이 가끔은 너무나 안쓰럽다.

꿈꾸게 하고 싶었다. 그래서 수업 시간에 '5분 스피치'를 통해 자기가 진정 하고 싶은 일이 뭔지, 어떤 미래를 원하는지 이야기하는 시간을 마련했다. 수업 시간마다 졸지만 알이 없는 큰 안경을 쓰고 멋을 내던, 20년 후에는 유명한 패션 디자이너가 되어 있을 거라는 아이. 자기는 치킨을 좋아하는데 시중에서 파는 치킨은 너무 비싸다며, 싸고 맛있는 치킨 체인점을 운영해서 외국에까지 체인점을 내고 평생 치킨을 먹겠다는 아이. 리듬 체조 선수 손연재와 꼭 결혼할 거라는 아이……. 아무 의욕 없어 보이던 아이들에게는 정말 생각지도 못한 다양한 꿈이 있었다. 공부를 잘하든 못하든 상관없이 꿈을 품은 그 아이들을 응원해 주고 싶었다.

오토바이를 타고 다니며 사고 치는 아이, 학교에서 선생님에게 무례하게 구는 아이, 가출을 하고 학교에 가지 않는 아이들을 막장이라고 손가락질한다. 그 아이들의 상황을 최악이라고 말한다. 하지만 그것보다 더 막장은 아무 꿈도 없이 자신의 청춘을 보내고 있는 아이들의 상황일 것이다.

막장은 발견하지 못한 에너지를 개발하는 나름대로의 희망이 있는 곳이다. 그러니 지금 당장은 꿈이 없어서 막장이라고 손가락질을 받는 아이들도 자기만의 꿈을 품는다면 앞날에 희망이 있다. 그 아이들이 달콤한 꿈을 꿀 수 있도록 옆에서 꾸준히 지켜보고 격려해 주는 것이 우리 어른들이 해야 할 일 아닐까?

자뻑

자기 자신에게 감동하는 삶

어원

한자인 스스로 '자(自)'와 강렬한 자극 때문에 정신을 차리지 못한다는 의미의 속어 '뻑'이 합성된 단어다. 보통 자기 자신에게 도취되어 정신을 차리지 못한다는 뜻으로 쓴다. '자의식 과잉' '자아도취가 심하다'고도 표현한다. 비슷한말로 공주병, 왕자병 등이 있다.

자뻑 스타일 수업

요즘은 수업 시간에 조는 학생들이 참 많다. 도대체 밤에 뭘 하길래 학교 와서 자느냐고 잔소리하면 "야동 봐요"라며 나를 당황하게 하려는 이 녀석들을 벌써 잘 파악했기에 더는 이런 1차원적 잔소리는 하지 않는다. 대신에 언제부터인지 나는 자는 아이들을 깨우려고 개그우먼이 되고 있었다. 그러나 〈개그 콘서트〉처럼 고차원적(?)인 개그에 익숙해진 녀석들은 내 개그에 조소를 보낼 뿐이었다. 그리하여 결론은 자학 개그였다. 나를 포기하면 아이들은 그제야 웃었다. 나 스스로를 밑으로 끌어내리면서 자는 학생들을 일으켜 세웠다.

며칠 전에는 "교과서 보세요" 하는 내 말은 그냥 한쪽 귀로 흘려버리고, 눈은 나를 향해 있지만 아무 생각 없이 멍 때리고 있는 녀석이 눈에 띄었다.

"야! 내 얼굴 닳으니까 그만 쳐다보고 교과서를 봐!"

이 한마디에 예상대로 비난 여론이 일어나며 교실이 들썩였다. 자던 아이들이 하나둘씩 일어났고, 내내 멍 때리던 그 녀석도 정신이 돌아왔는지 내게 한마디 던졌다.

"선생님 자뻑 쩔어요!"

겸손보다는 자뻑이다

겸손을 미덕처럼 여기던 시절이 있었다. 어느 나라를 막론하고 도덕 규범에서는 절대 빠지지 않았던 겸손. 그러나 지금은 예전과 다르다. 다른 사람의 칭찬에 "아니에요"라고 수줍게 말하는 순간, 나는 겸손한 인간이라기보다는 스스로의 가치를 인정하지 않는 멍청한 사람이 되고 만다.

부자들은 굳이 티 내지 않아도 티가 나고, 성실하고 일 잘하는 사람은 굳이 직접 말하지 않아도 잘하고 있다는 것을 다른 사람들이 자연히 알게 된다고? 말도 안 된다. 부자들도 명품을 걸치고 외제 차를 타고 좋은 동네 사니까 "재 좀 사는구나!"라고 여기는 것이다. 그런데 일 잘하는 것은 명품을 사는 것처럼 돈으로 할 수 있는 일이 아닌지라 밖으로 잘 드러나지 않는다. 누가 나를 온종일 쫓아다니면서 내 일상을 하나하나 관찰하며 "얘가 일을 참 야무지게 잘하네. 성실해!" 이렇게 말할 수 있는 것도 아니고 말이다.

누군가의 칭찬에 "아니에요" 수줍게 부정할 것이 아니라 "그건 제가 좀 잘해요!"라고 말해야 한다. 깨알같이 자기 자랑을 해야 한다는 뜻이다. 좀 재수 없어 보이는 단점이 있지만, 내가 직접 말하지 않으면 아무도 내 가치를 알아주지 않는다. 또한 자뻑을 하면서 칭찬을 온몸으로 만끽하고, 자존감을 100퍼센트 충전하는 거다. 그러다 보면 이런 자뻑이 열정의 원동력이 되고 창작의 추진력이 되며 성취감의 본질이 될 수 있다.

텔레비전 토크쇼에서 엄청난 자뻑을 뽐내며, 사람은 늘 겸손해야 한다는 촌스러운 나의 고정관념을 시원하게 날려 준 김정운 교수는 『남자의 물건』이라는 책에서 이렇게 말한다. "내가 나를 사랑하지 않으면 아무도 사랑해 주지 않는다"고. 자기 자신에게 감동하는 삶. 나 자신을 사랑하는 방법. 바로 자뻑이 답이다.

절대적이라 매력적이다

세상이 너무 상대적인 탓에 무얼 해도 남과 비교가 된다. 옷을 입는 것도, 머리를 꾸미는 것도, 심지어는 매일 밥을 먹는 것마저. 무엇을 입었는지, 어떻게 꾸몄는지, 무슨 메뉴를 먹었는지 일거수일투족을 남과 비교하다 보면 어수선해지는 마음이 느껴진다. 모든 것이 상대적이어서 비교가 될 수밖에 없는 이 세상. 이런 세상에서도 절대적인 것이 하나 있다. 바로 자뻑이다.

자기도취의 기준은 불분명하다. 그래서 어느 날은 샤워 후 물기에 촉촉하게 적셔진 나의 머리카락 한 올 한 올이 탱글탱글 그렇게 예뻐 보이고, 아무것도 바르지 않은 나의 쌩얼이 연예인들보다 한없이 순수해 보이는 날도 있다. 전신 거울에 이리저리 몸을 돌려 보며 스스로에게 도취하여 자신만의 파티에 나를 단 하나뿐인 주인공으로 초대하는 그 시간. 그 시간이 바로 자뻑의 시간이다. 비교할 대상이 없으니 자기만족과 자기 감동은 더 커지고, 적절하게 자뻑하는 그 시간은 내 삶에 대한 긍정적인 마음가짐을 키우고 삶의 질을 높이는 데에도 도움이 된다.

자뻑이 필요한 자기소개서

고등학교를 졸업하고 인생에서 가장 중요한 대학을 선택하는 순간. 대학에서 공부한 내용을 바탕으로 평생의 직장을 선택하는 순간. 우리는 자기소개서를 요구받는다. 입학과 입사에 자기소개서가 그리 중요하지 않았던 10년 전만 해도 그저 형식적인 구닥다리 자기소개가 인기였다.

"2남 2녀 중 장남으로 태어나……."

그냥 진짜 소개를 원했던 시절이다. 하지만 지금처럼 자기소개서가 합격의 당락을 가르는 중요한 시기에 "2남 2녀 중 장남으로 태어나"라고 써 내려간다면 '그래, 너는 장남으로 태어났으니 집에서 장남 역할이나 실컷 해라!' 하면서 자기소개서를 쓰레기통으로 보낼지도 모른다. 남들과 차별화하는 소스가 필요한데, 그것이 바로 자뻑이다.

내가 쓴 자기소개서는 많은 사람들 손발이 오그라들 것 같을 정도로 자뻑이 엄청나다. (사실 나도 가끔 내 자기소개서를 볼 때면 조금 부끄럽기도 하다. 하도 자뻑이 심해서!) 이 자기소개서대로라면 나는 대한민국 교육계의 최고 인재이며, 창의적이고 열정적인 교사의 최고 표본이다. 우유부단하다는 단점이 있지만, 그렇기에 남들의 의견을 잘 받아들이고 부모님의 교육 철학을 잘 따르며 형제와의 원만한 관계를 바탕으로 미래 지향적이며 긍정적인 사고를 갖춘 사람으로 성장했다는 것이다.

이쯤 되면 자뻑 증세가 점점 심해진다. 하지만 그 자기소개서를 보고 나의 자뻑을 비난한 사람은 아무도 없었다. 오히려 자기소개서에 드러난 내 모습을 보고 나를 새롭게 알아 갔다. 하루 이틀 본다고 상대방을 다 알 수 있는 게 아니기 때문에, 감독관이 나를 평가할 만한 객관적(?)인 데이터는 사실 성적과 자기소개서뿐이다. 그러니 자기소개서만큼 나를 드러내기에 적절한 자료가 또 어디 있겠느냔 말이다.

현대 사회는 자기 PR 시대다. 조용히 가만있을 것이 아니라 어떻게 해서든 자신을 내세워 관심과 공감을 얻고 든든한 팔로우를 만들어야 한다. 이렇게 자신을 내세우는 대안이 바로 자뻑이다.

자기 비하보다 자뻑하며 스스로 만족하는 사람들이 삶의 만족도가 높고 자긍심도 높다. 이런 사람이 긍정적인 사고를 하고 일상의 삶도 즐겁고 행복하게 꾸려 가며, 이런 행복한 일상이 학업과 일에 좋은 영향을 끼친다는 사실을 모두들 잘 알고 있다. 그러니 자기소개서에는 아무 거리낌 없이 자기 자신을 마음껏 드러내는 어느 정도의 자뻑이 필요하다.

대체어

자기애

자기 PR 시대에 '자뻑'은 정말 필요하지만, 단어의 된소리가 주는 가벼움이 왠지 '자뻑'의 의미를 깎아내리는 느낌이 든다. 자기 스스로를 소중히 여기고 자신감에 가득 차 있다는 뜻의 '자기애'와 바꿔 쓰면 어떨까? 자기 자신을 아끼고 사랑하는 마음, 그것이 바로 '자뻑'의 기본 마음가짐이니까.

쪽팔리다

타인을 너무 많이 의식하는 것이다

어원

❶ '쪽'이 시집간 여자의 뒤통수에서 틀어 올려 비녀를 꽂은 머리털을 가리키는 것으로 해석되는 경우, '쪽팔리다'는 여성의 몸이 팔려 가는 것으로 해석되어 부끄럽다는 뜻이 된다.
❷ 얼굴을 속되게 이르는 말로 해석하는 경우, '체면이 깎이다' 또는 '망신을 당하다'라는 의미가 있다.

쪽팔림이 고통을 추월하는 순간들

북쪽의 베니스라고 불리는 벨기에의 도시 브뤼헤에서 자전거를 탔다. 브뤼헤는 작은 시골 마을 같은 곳인데, 자전거를 타면서 둘러보면 아주 좋다고 정평이 난 곳이다. 친구와 나는 영어를 못하는 벨기에 아저씨에게 손짓 발짓을 해 가며 정말 어렵사리 자전거를 빌렸는데, 문제는 이 자전거가 유럽 스타일인지라 단신인 우리 발이 페달에 닿지 않는다는 거였다. 그러나 동행한 친구는 문제없다며 관광객을 포함해서 사람이 엄청나게 많은 브뤼헤 광장에서 페달을 밟았고, 자전거를 잘 타지 못하는 나는 뒷자리에 앉아 친구의 허리를 두 팔로 꼭 감싸 안았다.

자전거가 앞으로 나아간 지 5초쯤 됐을까. 우리는 울퉁불퉁한 돌길의 방해를 이겨 내지 못하고 핸들만 이리저리 돌리다가 광장 한가운데에서 꽈당! 넘어졌다. 친구는 팔꿈치에서, 나는 무릎에서 피가 줄줄 흘렀다. 이 모습을 본 외국인 훈남들이 사방에서 달려오며 "Are you okay?"를 외쳤다. 나는 그 순간이 너무 쪽팔려 아픈 것도 잊어버리고 벌떡 일어나, 친구와 함께 연신 "I'm okay"를 외치며 그 자리를 떠났다.

지하철역에서 나오다가 입구에서 OTL 자세로 넘어진 적이 있다. 갑자기 다리 힘이 풀려 나도 모르게 주저앉고 말았는데, 두 무릎이 땅에 닿으면서 그야말로 굴욕 자세가 되었다. 번화가에 있는 지하철역이라 사람이 많았다. 그 많은 사람들이 나의 굴욕 자세를 몇 번 바라보자 나는 무릎이 아픈 줄도 모르고 벌떡 일어나 아무렇지 않은 척하면서 내 갈 길을 갔다. 그런데 나와 마주치는 사람들이 자꾸만 내 무릎을 한 번씩 쳐다보며 가는 것이다. 이상한 생각이 들어서 무릎을 봤더니, 두 무릎이 피로 새빨갛게 물들고 피는 종아리를 타고 발목까지 흐르고 있었다. 물론 살구색 스타킹에도 흉하게 구멍이 나 있었고 말이다.

그렇게 상처가 나서 피가 줄줄 흐를 정도였는데도 쪽팔림 때문에 의식하지 못하는 그 순간. 바로 그 순간이 쪽팔림이 고통을 추월하는 순간이다. 우리가 맞닥뜨리는 실제 고통보다 다른 사람을 의식함으로써 느끼는 쪽팔림이 더 아프게 느껴지는 순간. 우리 인생에는 쪽팔림이 고통을 추월하는 이런 순간들이 있다.

쪽팔림이 없으면 앞으로 나아가지 못한다

남 앞에 나서서 자기 의견을 말하지 않고 남들이 하자는 대로 받아들이기만 한다면 쪽팔리는 순간은 그렇게 많지 않을 것이다. 그러나 용감하게 새로 도전하다 보면 좌절도 하고 시행착오도 겪게 마련이다. 남들 앞에 섰을 때 부족한 자기 자신을 발견하면 완벽하지 못한 채로 이렇게 사람들 앞에 나선 순간이 쪽팔리다고 느끼게 된다. 그렇지만 우리 삶에 늘 곧은 길만 있는 것은 아니기에, 정답이 있는 것이 아니기에, 우리가 생각하지 못하는 순간들이 닥쳐 오는 것이 당연하다고 받아들여야 한다.

본래 삶이라는 게 시트콤 같지 않은가? 좌충우돌하는 날도 있고, 좋은 날도 있고, 좌절하는 날도 있다. 쪽팔리다고 괜히 주눅 들지 말고 거침없이 도전하는 기회를 엿보며, 완벽하지는 않지만 사람 냄새를 풍기며 살아가야 한다. 앞으로 나아가지 않으면 쪽팔림은 없겠지만, 반대로 쪽팔림이 없으면 앞으로 나아가지 못하는 법이다.

내가 하고 싶은 말은 꽉꽉 닫아 둔 채 줏대 없이 남들만 따라하기보다는 매사에 용감하게 도전하며 쪽팔림을 그대로 받아들이는 마음가짐을 갖추는 것. 그것이 인생을 좀 더 즐겁고 재미있게 사는 방법 아닐까?

쫄다

못하고, 하고 싶지 않고, 가장 스트레스가 되는 것

어원

'쫄다'가 어디에서 온 단어인지를 두고 많은 추측이 난무한다. 그렇지만 사전에 규정된 대로 '위협적이거나 압도하는 대상 앞에서 겁을 먹거나 기를 펴지 못한다'는 뜻의 우리말 '졸다'를 구어적으로 강조하여 이르는 말로 보는 것이 가장 설득력 있다.

학생들을 쫄게 만들고 싶었던 각서

해마다 첫 학기 첫 수업에 들어가서 하는 작업(?)이 있다. 바로 학생들에게 각서를 쓰게 하는 것이다. 젊고, 키가 작고, 툭 치면(아니, 조금 세게 쳐야만) 날아갈 것 같은(?) 나를 조금이라도 더 무섭고 강한 선생님으로 각인시키려면 첫 시간, 첫인상만큼 중요한 것이 없다. 각서 내용은 수업 시간에 휴대폰이나 전자 기기를 사용하다 적발되면 일주일간 선생님이 고이 보관(?)한다든지, 숙제를 해 오지 않거나 수업 시간에 선생님에게 대들면 선생님이 주는 벌을 달게 받겠다든지 등등, 솔직히 말하면 다 나한테만 유리한 내용이다. 학생들은 각서인지 뭔지 아무것도 모르고 그냥 불러 주는 대로 쓰다가 항목이 늘어날 때마다 웅성거림이 커진다.

"이거 각서 아니야?"

그러면 나는 "각서가 아니다. 밑에 이름 쓰고 서명해라!" 하고 반 강제로 말하기도 한다. 첫 시간에 학생들을 좀 쫄게 하고 싶었다. 나는 이렇게 원칙대로 하는 선생님이다, 그러니까 까불면 국물도 없다고, 진정 학생들을 쫄게 하고 싶었다. 이런 정도로는 학생들이 눈 하나 깜짝하지 않는다는 사실은 한 달쯤 지나면 금세 알게 되지만.

많은 학생들에게 존경받는 어느 노교수가 있었다. 그는 나이가 한참 어린 제자들에게도 경어를 잊는 법이 없었다고 한다. 편한 자리에서도, 오래도록 함께 생활해서 허물없는 사이가 되어도, 반말을 쓰는 경우가 단 한 번도 없었다는 것이다. 그래서 어느 학생이 왜 우리에게 경어를 쓰느냐고 의아해하며 묻자, 노교수는 웃으며 "나는 현재의 자네들에게 경어를 쓰는 것이 아니라 학생들의 위대한 미래에 존경과 경의를 보내는 뜻에서 경어를 쓰는 것입니다"라고 대답했다고 한다.

첫 시간부터 학생들을 쫄게 만들려고 각서 제도를 고안한 나와 학생들에게 경어를 사용하며 그들의 미래를 존중한 노교수. 학생들을 자기 밑으로 끌어내려 강제로 존경받고자 하는 선생님과 학생을 자기 위로 추어올려 존경하는 선생님.

늦었지만 이제야 깨닫는다. 학생들을 존중해 줄 때 나 또한 존경받을 수 있다는 사실을.

쫄지 않는 발랄함, 10대만의 특권

누구에게든 쪼는 순간이 있다. 나는 외부적인 요소에 약한 편인데, 차를 타고 고속도로 하이패스 구역을 빠른 속도로 지나갈 때, 3차선 도로에서 양쪽에 거대한 버스가 나와 함께 나란히 지나갈 때 또는 뒤차가 빵빵거릴 때, 솔찬히 쫀다. 말 그대로 심장이 쪼그라들 것만 같을 때가 한두 번이 아니다. 그런 두려움과 맞닥뜨리지 않으려고 피하다 보니 운전은 내가 가장 못하는 일, 가장 하고 싶지 않은 일, 일생에 가장 큰 스트레스가 되었다. 어떤 일에 쫄아서 자꾸 피하다 보면 잘할 수 있을 리 만무하다.

모든 일이 마찬가지다. 학생들을 가르치다 보면 글쓰기에 쫄아 있는 아이들을 쉽게 발견한다. 그 아이들에게 독후감 숙제는 세상에서 가장 하기 싫은 진부한 숙제이며, 신문 사설 읽고 느낀 점 써 오기 같은 고난도 숙제는 문맹이 된 듯한 느낌을 안겨 준다. 대학교 입시 준비 자기소개서 쓰기 수업 때 자신의 단점을 적어 보라고 하니 "제 얼굴은 까맣습니다. 그래서 저는 놀림을 자주 받습니다. 이것이 저의 단점입니다"라고 쓰는 학생도 있다. 실제 상황이다.

도대체 왜 이러는 걸까? 어릴 때부터 글쓰기에 쫄아 있기 때문이다. 어른들이 독후감은 이렇게 써야 한다 저렇게 써야 한다 말이 많고, 일기를 보고 잘 썼다 못 썼다를 판단한다. 일기란 그 날 일어난 일에 대한 느낌을 적는 글인데, 잘 쓰고 못 쓰고가 어딨냔 말이다. 그저 내가 느낀 대로 솔직하게 쓰면 되는 거지. 그래서 나는 학생들이 한 줄을 써 와도, 다섯 줄을 써 와도 늘 그 중에서 칭찬할 점을 고른다. 정 칭찬할 만한 점이 없으면 글씨를 잘 쓴 것도 칭찬해 주고, 제날짜에 제출한 것도 칭찬해 준다.

쫄아 있을 때는 자신감을 줘야 한다. 당당하게 자신감을 지녀야 우선 쫄지 않으며, 그래야 자신을 쫄게 하는 대상에 과감하게 부딪치며 나만의 논리로 다른 사람을 설득하게 되고, 그런 과정이 반복되다 보면 어느 순간 쫄지 않게 된다. 쫄지 않는 발랄함. 이것이 10대만의 특권 아닌가.

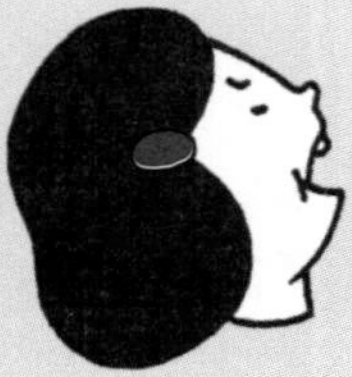

꼬붕

인간은 오야붕과 꼬붕의 관계로 맺어져 있다

어원

꼬붕은 본래 스모 선수들의 뒤를 닦아 주는 사람을 일컫는 말이지만, 다른 사람의 허드렛일을 대신 해 주는 부하·하수인·종이라는 의미로 많이 사용한다. 주로 뒷골목 깡패 집단이나 서열 관계가 엄격한 범죄 집단에서 쓰는 말이었는데 어느새 보통 사람들의 삶에까지 깊숙이 자리 잡았다.

갑은 을의 사정이나 심경에 전혀 관심이 없고
그저 자기가 하고 싶은 말만 한다.
범죄 조직에나 있는 꼬붕이라는 존재가
우리 주변에서 다른 모습으로 발견될 때면
씁쓸한 마음을 감출 수가 없다.
계급 없이 평등하고 행복한 사회가 오려면
아직 멀었을까?

후지다

품격이 떨어지다

어원

품질이나 품격, 상태나 등급, 내용의 정도가 평균 이하라는 뜻으로 쓰는 말이다. '후지다'에서 '후(後)'는 뒤떨어지거나 뒤질 때 쓰는 한자다. 물건 말고도 여러 경우에 적용되는 저품질, 저품격을 나타낸다. 인간으로서 기본적인 도리를 지키지 못하고 품격이 부족한 사람을 표현할 때 쓰기도 한다.

남의 뒷만 하는 것은 후지다

교사들은 보통 점심시간에 학생들과 함께 급식을 먹는 편이지만, 특별한 날에는 급식실을 운영하지 않아 밖에서 밥을 먹어야 한다. 하루 이틀 정도는 MSG 팍팍 들어간 자극적인 외부 음식을 먹으면 무척 행복하다. 그러나 며칠 반복되면 금세 질려서 도대체 뭘 먹어야 할지 고민된다. 외식하고 싶은 욕구가 어느 정도 충족되자, 점심때마다 많은 메뉴 가운데 무얼 골라야 가격 대비 만족감이 끝내줄까를 고민하는 것이 지겨워졌다. 나의 삶을, 나의 미래를 이렇게 많이 고민하고 생각에 생각을 거듭했더라면 나는 지금 더 훌륭한 사람이 되어 있을지도 모른다.

하루는 칼국수를 먹을까 떡만둣국을 먹을까 고민했다. 쫄깃한 칼국수 면발도 끌리고, 만두소가 푸짐한 만두도 끌리는 이때. 어렵사리 칼국수로 메뉴를 결정했는데 옆에서 "여기 떡만둣국이 맛있대"라고 말한다. 팔랑거리는 귀를 부여잡고 잠깐 움찔하다가 나는 "그럼 떡만둣국!" 이렇게 말하고 잔뜩 기대하며 기다렸다. 막상 맛을 보니 생각했던 맛이 아니고 후지다. 그냥 소신껏 칼국수를 시킬걸 하는 후회가 일었다.

"네가 떡만둣국 맛있다고 해서 시켰잖아."

나뿐만 아니라 많은 사람들이 결정은 자기가 해 놓고 결과가 후지면 꼭 남의 탓을 한다. 자기가 결정한 일의 결과는 자신에게서 비롯되지 남의 탓이 아니다. 잘되면 내 덕, 잘못되면 남의 탓을 하는 태도는 참 후지다.

포기는 후지다

짧은 인생을 살았지만 나는 꽤나 많은 실패를 경험했다. 대학 입시에 실패해서 남들보다 1년 늦게 대학 생활을 시작했고, 친구들은 번듯한 직장에 다닐 때 나는 백수에 도서관 신세였다. 주변에서는 언제나 밝은 내 모습을 보며 걱정 없이 산다며 부러워했지만, 마음속으로는 다른 사람들보다 늦는 것에 대해 낙오자라는 불안감을 떨쳐 버리지 못했다. 그때는 인생이 100미터 달리기라고 여긴 듯하다. 그래서 출발이 늦은 내 인생은 실패했다고 생각하며 절망에 빠지곤 했다.

그러나 조금 더 살아 보니 인생은 100미터 달리기가 아니라 장거리 달리기라는 깨달음이 왔다. 단지 저마다의 출발점이 다를 뿐이다. 주변을 돌아보면 남들보다 늦게 출발했어도 자신의 목표를 향해 멋지게 사는 사람들이 있고, 남들보다 일찍 출발했어도 제자리에서 주춤대는 사람들도 있다. 그러니 지금 자기 위치가 남보다 뒤처졌다고 생각되더라도, 언젠가 곡선주로에서 나란히 서거나 그 앞에 서는 날이 있을 테니 절망은 버리고 희망을 품어야 한다. 젊음 자체가 기회다. 몇 번의 실패 때문에 절망하고 자기 자신을 포기한다면 그것이야말로 실패한 인생보다 더 후진 인생 아닐까?

고민이 길면 결과가 후지다

괴테가 말했다. 이 세상에서 가장 불행한 자는 우유부단한 인간이라고. 우유부단하다는 말은 결단을 제대로 내리지 못한다는 뜻일 수도 있고, 자기가 시도한 일이 실패할까 봐 겁을 먹고 있다는 뜻일 수도 있고, 계속 고민한다는 뜻도 된다.

어떤 남자를 만났는데 학벌이 마음에 들지 않는다. 그래서 다른 남자를 만나는데, 이 사람은 성격이 우유부단하다. 그래서 또 다른 남자를 만났더니 이 남자는 전에 만났던 사람들보다 가난하다. 물론 결혼이라는 인생의 중대사를 염두에 두고 있다면 극단적인 상황에서는 다른 사람을 만나 보는 게 맞다. 그러나 다른 사람들과 비교하면서 조금 더, 조금 더 나은 사람을 고르다 보면 더 나은 사람들은 온데간데없고 덜 나은 사람들만 남는 법이다. (세상에 완벽한 사람은 없다.)

생각이 많고 매사에 신중한 것도 좋지만 남들과 비교하면서 머뭇거리다가 중요한 사람, 중요한 일을 놓치는 바보가 되지는 말자. 일에서도, 사랑에서도 제대로 결단을 내리지 못하고 남들 눈치나 보며 고민하면 결과가 후진 법이다.

대체어

떨어지다, 좋지 않다

물건이나 그 밖의 대상을 두고 말할 때는 '품질이 떨어지다'라고 대체해서 쓸 수 있다.

예를 들면, '그 컴퓨터 되게 후져!'→ '그 컴퓨터는 몹시 품질이 떨어져!'

사람에게 말할 때는 '품격이 떨어지다'로 대체해서 쓸 수 있다.

예를 들면, '그 사람 말투가 좀 후지더라!' → '그 사람 말투가 좀 품격이 떨어지더라!'

※ '좋지 않다'는 뜻의 단어로 모두 대체할 수 있다.

2부

까스활명수, 속이 뻥 뚫리는

구라

허세와 자기방어가 함께 이루어진다

어원

❶ 일제 강점기에 도박판에서 쓰던 일본어 '구라마스(くらます)'에서 유래했다는 설. 구라마스는 한국어로 '속이다'라는 의미가 있다.

❷ 일본어 '구라이(くらい)'에서 유래했다는 설. 본래 '어둡다'는 뜻의 일본어인데, 일본에서는 거짓말하는 것이 지저분하고 더럽다고 여겨 '거짓말하다'는 의미가 덧붙었다.

구라의 추억

방학 중인 어느 금요일, 학부모님의 전화를 받았다. 평소 아주 성실한 도서부 학생의 어머니였다. 좋은 일보다 나쁜 일을 전화로 많이 접하는 까닭일까? 그런 트라우마 때문인지 솔직히 이런 전화는 왠지 받기가 꺼려진다.

어머니는 안부를 묻고는 "혹시 오늘 도서부 1박 2일 캠프 가는 게 사실인가요?"라고 물었다. 공부하기도 바쁜 고등학생들이라 1박 2일 캠프는 기획하지 않는 데다가, 이런 캠프가 기획되면 학부모님의 동의를 얻는 가정 안내문이 나가는데 갑자기 이게 무슨 소리일까. 이야기를 듣고 보니, 부모님 말씀도 잘 듣는 이 학생이 도서부에서 캠프를 간다고 통보했단다. 어머니가 예비 고3이니 이번엔 좀 자제했으면 한다고 말했는데, 금요일 아침 등굣길에 씩 웃으며 "엄마, 캠프 다녀올게요!" 했다는 것이다.

보통 이럴 때 엄마들에게는 촉이 오나 보다. 왠지 아닌 듯한 느낌이 들었던 것이다. 어머니의 슬픈 예감은 정확하게 맞아떨어졌다. 어머니는 어떡해야 하느냐며 나에게 조언을 구했다. 무슨 말씀을 드려야 할지 한참을 망설이는데, 갑자기 학창 시절 나의 구라의 추억이 떠올랐다.

엄마는 책값만큼은 아끼지 않고 필요하다는 대로 책을 모두 사 주었지만 옷이나 가방 같은 것은 예외였다. 공부하는 학생이 무슨 옷이 필요하냐며 나의 패션 센스를 무시하고 추리닝만 고집했다. 한창 예민한 사춘기라, 멋 부리고 싶은 내면의 또 다른 내가 꿈틀거렸다. 그래서 하루는 체육대회 때 반 티셔츠를 맞춘다며 회비를 내야 한다고 엄마에게 구라를 쳤다. 그러고는 사고 싶었던 옷을 사는 만행을 저질렀다.

얼마 후 엄마가 학교에 가서 담임선생님과 면담하다가 반 티셔츠를 맞춘 적이 없다는 사실을 알게 되었다. 엄마한테 직접 들은 것은 아니고, 담임선생님이 "너 엄마한테 반 티셔츠 맞춘다고 했다며?"라고 웃으며 말씀하셔서 알았다. 거짓말을 들킨 나는 엄마한테 혼이 날까 봐 하루하루 가슴 졸이며 지냈다. 그러나 엄마는 끝까지 나를 추궁하지 않았다. 모른 척 그냥 넘어가면서 사춘기라 그랬겠지, 사고 싶은 게 있었겠지, 하고 인정해 준 것이다. 알면서도 속아 준 엄마의 모습. 눈물 나게 아름다웠다.

이런 구라의 추억이 떠올라 그 어머니에게 "친구들이랑 놀러 가고 싶은데 내년에 고3이고 하니 자기 딴에도 어머니께 말씀드리기 죄송해서 그랬나 보네요. 아무 일 없을 테니 너무 걱정

하지 마세요"라고만 말씀드렸다. 내 자식이었어도 모른 척 눈감아 줬을 것 같았기 때문이다.

며칠 뒤 그 학생을 불러서 그 일에 대해 물어봤더니 '선생님이 무슨 말을 하는 거지?' 이런 표정을 지었다. 그 학생의 어머니도 우리 엄마처럼 속상하긴 하지만 다 한때려니 하고 아무 말 없이 눈감아 주신 모양이다. 엄마들의 사랑이 가득한 이해와 배려가 하도 감동적이어서 내가 울컥했다. 역시 엄마들 마음은 다 똑같은가 보다.

구라의 계보 : 뻥은 거짓을 낳고, 거짓은 구라를 낳는다

순진한 사람들, 보통 이해관계에 큰 영향을 받지 않는 아이들은 이따금 뻥을 친다.

"나 어제 곰만큼 큰 강아지를 봤어."

"나 집에서 공중 부양 해 봤는데 되더라!"

다 뻥이다. 그냥 아무 생각 없이, 사람들 앞에서 한껏 부풀려 말하고 싶은 마음이 이런 뻥을 낳는다. 그런데 중고등학생 정도가 되면 남들에게 부풀려 말하는 것에 흥미가 떨어져, 뻥 대신 거짓말을 한다. 선의의 거짓말처럼 어쩔 수 없는 상황에서 하는 거짓말도 있지만 학생들의 거짓말은 대부분 자기를 방어하기 위한 수단이다.

"선생님, 오늘 배가 너무 아파서 조퇴할게요!"

"엄마, 그게 아니라 재가 먼저 시비를 걸었어요!"

다 거짓말이다. 학교에서 공부하기 싫고, 엄마한테 혼나고 싶지 않아서, 순전히 자기 자신을 방어하기 위해 거짓말을 한다. 그리고 몸과 머리가 점점 커지면 성인군자처럼 거짓 없이 이 세상을 살아가기가 쉽지 않다는 현실을 깨달으면서, 고도의 두뇌 싸움으로 분류되는 구라를 치게 된다.

구라에도 치밀한 연구와 원칙이 필요하다

얼굴을 맞대고 일하기 싫은 직장 상사가 있다. 다른 공간에서 만났으면 이해심과 배려심이라고는 눈곱만큼도 없는 저런 인간과 말도 섞지 않았을 거다. 그런데 표현의 자유는 누구에게나 있어도 이런 모든 감정을 표현하기엔 내가 한없이 작을 뿐이고,

사무실은 마냥 평화롭기만 하다. 그래서 마음에도 없는 "존경합니다, 부장님!"이라는 입에 발린 말로 그 사람을 향한 충성심을 부풀리며 자기 자리를 보존한다.

허세와 자기방어가 함께 이루어지는 이런 말, 이게 바로 구라다. 그런데 구라라는 녀석은 다른 사람이 이것이 구라인 줄 모를 때 나름대로 아름답고 의미 있다. 상사에게 하는 이런 말들이 모두 거짓이며, 사실은 속으로 욕하고 있다는 것을 상사가 알게 된다면? 아부나 하는 사람으로 사람들에게 인식된다면? 이 모든 것이 구라라는 사실이 그대로 드러나는 순간, 구라를 친 사람은 얍삽하고 치졸한 기회주의자로 낙인찍힌다.

어설픈 구라는 치지 않는 편이 낫다. 그러니 구라가 필요한 이 세상을 살아갈 때는 나름의 치밀한 연구와 원칙이 필요하다. 완벽한 구라만이 살길이다.

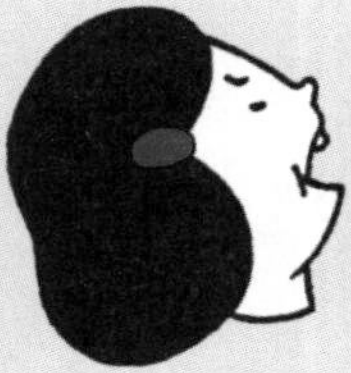

깝치다

모두 깝치는 것처럼
보일 때가 있다

어원

'서두르다' '재촉하다'는 의미가 있는 경상도 사투리다. 상황에 따라 '까불다' '정신을 제대로 못 차리다'는 뜻으로 쓰일 때가 있으니 주의해야 한다.

논술 시험은 이름만 쓰고 나와도
합격할 수 있다고 깝쳤던 친구.
시험지에 이름을 쓰지 않아 최하 점수도 받지 못한
탓에 수능을 잘 보고도 그 대학에 떨어져서
다니던 고등학교 학생들 사이에서
전설이 된 친구.
그렇게 깝치던 친구가 있었다.

빡치다

스스로를 통제할 수 없다

어원

'빡'은 머리나 이마를 속되게 표현할 때 말인데, '빡치다'는 머리를 두드려 맞은 듯한 충격이 느껴질 만큼 짜증 난 상태를 뜻한다. '화나다' '짜증 나다'를 포함한 다양한 감정을 아우르는 멀티플레이어 같은 단어다.

일곱 살짜리 딸도 빡치는 세상

일곱 살짜리 딸이 어느 날 유치원에서 돌아와 엄마에게 이렇게 말한다.

"엄마, 유치원 친구가 나 빡치게 했어!"

이 말을 들은 엄마는 어안이 벙벙하다. 도대체 유치원에서 일곱 살짜리 아이에게 무슨 일이 생긴 것일까? 가지고 놀던 장난감을 친구가 빼앗아 갔을까? 친구가 놀렸을까? 작은 일로 화가 나는 건 이해하지만, 화가 나서 도저히 참을 수 없는 이유는 무엇 때문일까?

세상에는 어른 아이 할 것 없이 빡치게 하는 일이 널렸다. 짜증 나고 화나고 그래서 상대하고 싶지 않고 자꾸 화만 나는 상태. 이런 상태가 이어지면 우리는 빡친다고 말한다. 유치원에서 신나게 뛰어놀고 돌아와 엄마에게 미주알고주알 이야기보따리를 풀어놔야 할 일곱 살짜리에게, 어른들이 입버릇처럼 말하는, 이성을 잃을 정도로 화가 나는, 빡치는 일이 도대체 무엇이었을지 궁금하기만 하다.

불공정 거래가 빡치게 만든다

어릴 때 참 마음 편하게 살았다. 딱히 나를 화나게 하거나 빡치게 하는 일이 없었다. 아무 걱정 없이 엄마가 해 주는 따뜻한 밥 먹으며 학교에 잘 다니면 그만이었다.

그런데 고등학교를 졸업하고 사회에 나오니 빡치는 일이 많았다. 무엇보다도 열심히 최선을 다하면 좋은 결과가 온다는 말들을 배신하는 불공정 거래가 난무했다. 공정한 시험을 거쳐 내 꿈을 이루는 길은 워낙 바늘구멍만 해서 앞이 캄캄한데, 집에 돈 좀 있고 빽 좀 있으면 대학교 때 성적표가 부끄러워도 사회에서는 남부끄럽지 않게 사는 게 현실이었다. 아주 어린 나이부터 불공정 거래에서 오는 실패를 맛보고 절망을 끌어안다 보니 화를 제어할 수 있는 기제가 사라졌다. 그러다 보니 부끄럽게도 내 감정이 자꾸만 빡치게 됐다.

그 사람 자체만 보고 개인의 능력을 평가하는 그런 사회가 왔으면 좋겠다. 젊은이들이 도전하고 실패하고 도전하고 실패해서 상처가 곪아 터져도 다시 마음 추스르고 도전할 수 있는 희망 넘치는 사회. 그런 사회라면 내가 못했을 때는 나 스스로를 탓하고 더 잘할 수 있게끔 자신을 통제할 수 있으니, 빡치는 일도 빡치는 사람도 지금보다 훨씬 줄어들지 않을까?

빡침 제어기제가 필요하다

옆집 사람이 쓰레기를 복도에 내놓아 냄새가 난다. 윗집 아이들이 쿵쿵 뛰는 소음이 장난 아니다. 러시아워에 밀려드는 사람들 때문에 출근길은 지옥으로 가는 열차처럼 느껴진다. 장난기 많은 친구의 장난도 그냥 넘어갈 수 없다. 주변에서 일어나는 모든 일이 스트레스로 다가오고, 이런 스트레스가 화로 변질해서 스스로를 통제할 수 없는 지경에 이르는 상황. 우리는 이런 모든 상황을 빡친다는 말 한마디로 대신한다.

그런데 어찌 보면 사소해 보이는 외부 자극에 민감하게 반응하면서 내 마음이 깊이 빡치는 이유는 딱 하나다. 우리의 인간관계가 삭막해졌기 때문이다.

옆집 사람, 윗집 사람, 같은 시간대에 출근하는 사람, 장난기 많은 친구. 여러 사람과 함께 살아가다 보면 사람들과 부딪칠 일도 많고 신경에 거슬리는 일도 많게 마련이다. 이러한 자극을 살다 보면 자연스럽게 일어나는 일이라 여기고 그대로 받아들이면 될 텐데 우리는 자기 감정을 담아 현상을 판단한다. 우선 내가 불편하고 스트레스를 받으면 그 현상 자체가 짜증 난다. 그러다 보니 알지도 못하는 사람들과 엮여서 그 사람들을 이해해야 하는 상황이 싫고, 알고 있는 사람들에 대한 이해와 배려도 어떨 때는 감정의 사치처럼 느껴진다. 다른 것에 신경 쓰지 않고 오직 내 감정에만 충실하고 싶은데 그렇지 못하다 보니 많은 상황을 맞닥뜨리면서 우리는 빡치게 된다.

그러나 나 혼자 사는 사회가 아니다. 사람들과 지지고 볶으며 살아가는 것이 인간다운 삶이구나 느끼는 날이 올 거다. 참을성이라는 나사가 진작에 빠져 버렸기 때문에 빡치는 기분이 여기저기에서 도사리고 있지만, 이러한 감정선을 변화시킬 방법은 분명 있다.

바로 우리 주변의 현상을 있는 그대로 받아들이는 연습이다. 내 감정을 배제하고 주변의 것들을 그저 관망하면 화는 날지언정 빡치는 기분은 조금 사그라들지 모른다. 또한 사람들의 일반적인 행동이나 간혹 저지를지도 모를 실수를 인간적으로 받아들여야 한다.

완벽하다면 지구에 있을 이유가 없다. 같은 지구인으로서 그들의 잘못을 이해하자! 그렇게 조금씩 화의 씨앗을 밟아 버리면 참을 수 없이 빡치는 기분도, 빡친다는 단어 자체도 사라지지 않을까?

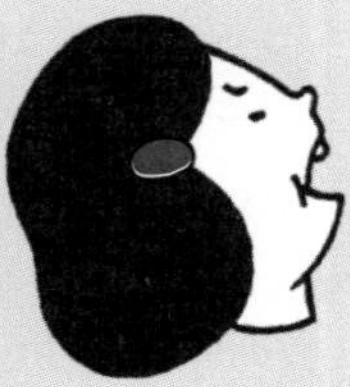

노가리 까다

싸고 맛있는 노가리의 전략

어원

노가리는 명태 새끼를 말한다. 명태는 종족을 보존하기 위한 수단으로 많은 알을 부화한다. 한꺼번에 많은 알을 까는 명태의 이러한 습성에 빗대어 말을 많이 풀어 내는 사람에게 '노가리 깐다'고 말한다. 많은 말들이 이야기를 부풀리고 거짓을 만들어 내는 속성 때문인지, '거짓말'을 속되게 이르는 말로 사용되기도 한다.

'노가리 까다'는 술자리에서 가볍게 잡담한다는 의미로 통용되던 말이다. 사람들은 맥주 한 잔에 주머니가 가벼워도 부담 없는 노가리를 질겅질겅 씹으며 안부를 묻고, 고민을 털어놓기도 하고, 시시껄렁한 일상의 이야기를 나누기도 한다.

땡땡이

문제가 생겼을 때는

어원

뭔가를 하기 싫어 피해 버리는 행위, 학교 수업을 빼먹고 몰래 빠져나가는 행위를 의미한다.

세상에서 가장 짜릿한 기분

중학교 3학년 겨울 방학, 학교에서는 연합고사를 치른 지 얼마 안 된 우리를 붙잡아 두고 마지막까지 보충 수업을 강행했다. 겨울이라 기온은 뚝 떨어졌지만 온종일 창가에서 나를 부르는 따스한 햇살을 모른 체할 수 없었다. 친한 친구들과 눈빛을 교환하며 땡땡이칠 궁리를 하다가 담임선생님이 퇴근한 틈을 타 학교를 나왔다. 그날 우리는 한 친구네 집에 가서 라면을 끓여 먹고 놀았는데, 세상에서 가장 짜릿한 기분으로 라면을 먹은 것 같다.

이튿날 겁을 먹고 벌벌 떨면서 학교에 갔는데, 다행히 선생님은 한 번쯤 해 볼 수 있는 일탈로 받아들였는지 부모님들에게는 연락하지 않고 넓은 마음으로 이해해 주었다. 그렇지만 친구들과 나는 방학이 끝날 때까지 교실 청소를 해야 했다.

요즘 학생들은 부모님 몰래 땡땡이치기가 쉽지 않다. 그냥 정보화 시대도 아니고 디지털 정보화 시대인 탓에, 땡땡이를 치기가 무섭게 바로 스마트한 부모님의 휴대폰으로 연락이 간다.

"귀댁의 자녀가 오늘 보충 수업(자율 학습)에 결석하였습니다. 다음부터는 이런 일이 없도록 가정에서 관심을 두고 지도해 주시기 바랍니다!"

이런 문자가 부모님에게 전송되면 땡땡이침으로써 느껴 보려던 자유, 쾌감, 즐거움은 부모님에게 둘러댈 핑곗거리를 생각해내느라 온데간데없이 사라지고 만다. 참 안됐다. 참 간지 안 나는 땡땡이다. 학부모님들을 '카카오톡'으로 대화에 초대해서 단체 대화방을 만들어 공지를 띄우는 선생님도 있다고 한다.

"오늘은 보충 수업이 없는 날입니다."

"오늘은 아무개가 땡땡이를 쳤습니다."

도저히 빠져나갈 구석이 없다. 게다가 단체 대화방이니 매번 우리 아이 이름이 거론되면 부모님은 창피하다. 아마 부모님은 땡땡이쳤다는 통보를 개인적으로 받을 때보다 분노 게이지가 두 배 이상 올라갈지도 모른다. 스마트폰, 똑똑하다고 다 좋은 건 아닌가 보다. 인간미가 좀 떨어진다.

우리가 감행하는 작은 일탈이 때로는 삶의 작은 즐거움이 될 때가 있다. 제대로 된 땡땡이 한번 쳐 보지 못하고 학창 시절의 추억을 논하지 말라! 나는 학생들이 가끔은 작은 일탈을 통해 학교생활의 스트레스를 풀고 힘을 내면 좋겠다는 생각이 든다. 너희에게 땡땡이를 허하노라!

작은 일탈, 휴식이라 쓰고 땡땡이라 읽는다

유독 창가의 햇살이 나에게 쏟아지는 날이 있다. 방 안에 갇힌 유화 부인의 몸에 햇빛이 계속 따라와 비춘 것처럼. 눈부신 햇살 가득한 날이면 내 마음에 살랑살랑 봄바람이 불어 든다. 이런 날은 땡땡이치기 딱 좋은 날이다. 식물에게만 광합성이 필요한 것이 아니다. 공부에 찌들어 있는 학생들, 업무에 치이는 직장인들, 일상에 지친 모든 사람에게 게릴라 광합성은 반드시 필요하다.

해야 할 일을 내버려 두고 보통 휴식과 관련된 일(?)을 하는 작은 일탈을 우리는 휴식이라 쓰고 땡땡이라 읽는다. 땡땡이라는 단어는 어감에서도 묻어나듯이 일을 하지 않고 무책임한 태도로 노는 모습을 연상케 한다. 그런데 땡땡이가 꼭 나쁘기만 한 것일까?

아인슈타인이 말했다. 우리가 직면한 중대한 문제들은 그 문제를 발생시킨 당시의 사고방식으로는 결코 해결할 수 없다고. 그러니 문제가 생겼을 때는 그 자리에서 끙끙대지 말고 털고 일어나야 한다. 바로 땡땡이를 쳐야 한다는 말이다. 상황을 조금만 벗어나면 굳어 있는 머리가 편안해지고 마음에 여유가 생기는 법이니까 말이다. 예를 들어 공부가 안 될 때는 억지로 책을 붙들고 있지 말고 딴짓을 하며 마음의 여유를 되찾아야 한다. 책을 붙들고 있다고 공부가 잘되는 것이 아니고, 책상에 앉아만 있다고 업무가 해결되는 것이 아니다. 땡땡이를 치면서 무거운 마음을 내려놓고 편안한 상태를 만들어야 한다. 그러면 나도 모르는 사이에 알 수 없는 의욕과 아이디어가 샘솟는다.

땡땡이를 치면 왠지 미안한 마음이 생긴다. 학생이라면 열심히 일하면서 뒷바라지해 주는 부모님에게 미안한 마음이 들테고, 직장인이라면 제날짜에 월급 꼬박꼬박 주는 사장님에게 살짝 미안한 마음이 들지 모른다. 그래서일까, 땡땡이를 감행한 뒤에는 땡땡이쳤다는 죄책감(?)에 이제 열심히 해야겠다는 마음이 생긴다. 한마디로 땡땡이는, 새해가 되면 빼먹을 수 없는 작심삼일 결심에 맞먹는 굳은 마음을 다지게 한다. 1년에 한 번 할 수 있는 굳은 결심을 땡땡이칠 때마다 할 수 있다니, 땡땡이가 무조건 나쁘다고만 할 수는 없겠다.

가끔 집중이 안 되고 스트레스가 적정 수준을 넘어설 때는 억지로 붙들고 있지 말고 땡땡이를 시도해 보자. 평소에는 생각 못했던 의욕과 에너지를 얻을 뿐 아니라 예상치도 못한 좋은 성과가 나올지도 모르니 말이다.

뒤로 호박씨를 까다

천당과 지옥을 오가게 만든다

어원

옛날에는 먹을 것이 귀해서 남들 몰래 호박씨를 먹었다. 그런데 호박씨 껍질은 소화되지 않기 때문에 그대로 변에(뒤로) 섞여 나온다. 남몰래 먹었는데 사실이 밝혀지는 것이다. 겉으로는 안 그런 척하면서 남몰래 자신에게 이익이 되는 행동을 하는 것을 일컫는 말로, 내숭을 떠는 사람에게 가장 많이 사용하는 말이다.

강력한 한 방의 호박씨 9단

내가 맡은 동아리 '도서부'는 해마다 도서부 부지를 펴낸다. 시, 수필, 독후감부터 활동 내용이 담긴 사진 등을 모아 한 권의 책을 만들어 낸다. 글이나 사진은 전체 부원들이 참여해서 내놓지만, 편집은 하고 싶어 하는 학생 몇 명이 담당한다. 이번 해에도 늘 성실하고 앞장서서 일하는 도서부원 네 명이 편집을 맡았다.

기획부터 표지 디자인에 이르기까지 모두 열심히 한 결과 아주 멋진 결과물이 나왔다. 방학 동안 소중한 시간을 쪼개 가며 애써 준 이 학생들에게 맛있는 밥 한 끼 사 주고 싶은 마음이 들어 날짜와 메뉴를 정해 보라고 했다. 그런데 모두 가능한 날짜가 하필이면 방학 중 내가 근무하는 날이어서 밖에 나가 점심을 먹기가 좀 곤란했다. 그래서 학생들을 불러 배달 음식을 먹자고 제안하고 알았다는 대답을 들었다.

그러다 우연히 그 학생들끼리 메신저로 대화한 내용을 보게 되었는데, 그중에서 내게 인사도 잘하고 말도 잘 듣던 착한 학생이 남긴 내용이 아주 가관이었다.

"야, 권희린이 밖에 나가기 귀찮다고 짱깨 시켜 먹자는데? 뭐라고 답하지?"

나도 안다. 학생들이 선생님 이름 막 부르고, 심지어는 심한 별명도 부른다는 사실 말이다. 그렇지만 평소 내 앞에서는 아주 예의 바르고 착한 학생이었기에 전혀 예상도 못했는데 나에 대해 그런 식으로 이야기했다는 것에 엄청 큰 배신감이 들었다. 이거야말로 정말 강력한 한 방의 호박씨 9단 아닌가. 예측 불가능한 이런 호박씨는 뒤통수를 정통으로 맞는 기분이어서 더 충격적으로 다가온다. 겉으로 눈에 보이는 것, 감언이설에 미혹당하지 않으려면 그저 눈과 귀를 닫아야 하는 걸까? 왠지 씁쓸한 기분이다.

뒤로 호박씨를 깐 덕분이다

우리는 보통 남몰래 하는 일은 좋지 않다는 편견을 지니고 있다. 어릴 때부터 '몰래'라는 단어의 이미지가 우리 뇌에 그리 좋지 않은 이미지로 학습되어 온 탓이다.

그런데 가만히 생각해 보면 남몰래 하는 일, 뒤로 호박씨 까는 일이 아주 큰 감동을 주기도 한다. 연말이 다가오면 번화가에는 청아한 종소리가 울려 퍼진다. 구세군 자선냄비의 종소리다. 사람들이 자신의 정성을 조금씩 나누는 자선냄비에 익명의 기부자들 몇몇은 해마다 1억 원이 넘는 돈을 슬그머니 넣고 그 자리를 떠나곤 했다. 단돈 몇만 원을 기부하더라도 자신의 선행을 생색내고 싶은 것이 인간의 마음일 텐데, 몰래 하는 기부라니 마음이 훈훈하지 않을 수 없다.

사랑하는 사람에게 청혼하기 위해 프러포즈를 준비한다. 그런데 준비하는 내내 상대방에게 프러포즈 내용을 미주알고주알 다 알려 준다면? 아무리 비싼 다이아몬드를 건네고 좋은 레스토랑에서 이벤트를 준비해도 감동은 별로 크지 않을 것이다. 그래서인지 (주로) 남성들은 프러포즈의 감동을 배가하기 위해 아무것도 준비하지 않는다고 욕도 좀 먹으면서 프러포즈를 계획한다. 마치 준비하지 않는 척, 호박씨를 까면서 말이다.

우리는 예상치 못했던 일에 더 감동받고 더 즐거워한다. 아무 내색 없이 이벤트를 준비하는 것도, 아내 몰래 장모님에게 용돈을 챙겨 드리는 것도, 남편 몰래 시댁에 도움을 주는 것도 모두 몰래 하는 일이다. 그래서 상대방의 자존심도 지켜 줄 수 있고, 나중에 알게 되면 상대방은 더 큰 고마움을 느끼게 마련이다. 그래서 호박씨 까는 것이 모두 나쁜 것만은 아니라는 생각이 든다. 뒤로 호박씨를 깐 덕분에 더 크게 감동할 때도 있으니 말이다.

쌩까다

다 이유가 있다

어원

'쌩까다'의 어원은 '쌩'이라는 말의 의미에서 찾는다. '쌩'은 바람이 세차게 스쳐 지나가거나, 사람 또는 물체가 바람을 일으킬 만큼 빠르게 움직일 때 나는 소리다. '쌩까다'는 이 '쌩'(빠르게 지나가는 소리)과 '까다'(드러내다)의 합성어다. 누군가 빠르게 스쳐 지나가는 행동, 즉 무시하거나 모른 척하고 지나가는 행동을 가리키며, '절교하다'는 뜻으로도 쓰인다.

선생님을 '쌩까다'

고등학교 때 생물 선생님은 재미있으면서 좀 황당한 욕쟁이였다. 욕을 마구 섞어 가며 수업하는 게 학생들을 무시하는 행동처럼 보여서 별로 좋아하지 않았는데, 나 말고는 많은 학생들이 그 선생님의 수업에 열광했다.

하루는 수업에 들어오더니 "오늘 어디 할 차례냐?"고 학생들에게 물었다. 키가 작아 맨 앞에 앉은 나는 어딘지 찾아보려고 교과서를 재빨리 넘겨 보았다. 그런데 잠깐의 침묵이 이어진 뒤 내 머리를 번쩍 하며 세게 내려친 것이 있었으니, 바로 교탁 위에 있던 출석부였다. 오늘 어디 배울 차례인지 아무도 모르다니 너네는 공부할 필요가 없다면서 1분단부터 여학생들의 머리를 출석부로 내리쳤다. 뭔가 그날 꼬여도 단단히 꼬였던 모양이다. 아니면 전날 부부싸움을 했거나.

어쨌든 머리가 아픈 건 둘째 치고, 별것 아닌 이유로 머리를 맞았다는 것에 분노를 느낀 나는 그날부터 생물 시간도 쌩까고, 생물 선생님도 쌩깠다. 이과에 가고 싶었는데 생물 선생님이 너무나 싫어서 문과에 남았다는 슬픈 비화다.

요즘 학생들 중에도 수업 시간에 줄곧 엎드려 있거나 뭐에

홀린 듯이 멍 때리는 학생들이 많다. 개구리 올챙이 적 생각 못 한다고, 학생들에게 도대체 어쩌려고 그러느냐며 폭풍 잔소리를 퍼부을 때가 있다. 그런데 잘 생각해 보면 내가 고등학생 때 그랬듯 학생들이 수업 시간에 '쌩까는' 이유도 분명히 있는 듯하다.

야, 쌩까고 그냥 가자!

수업 시간에 학생들이 선생님을 쌩까며 수업을 듣지 않고 외면하는 것도 굴욕이지만 교사로서 조금 더 처절해지는 순간이 있다. 길 저쪽에서 걸어올 때 멀리서부터 애써 인사를 외면하려고 소곤대는 말이다.

"야, 쌩까고 그냥 가자!"

"오키!"

요즘 학생들은 인사를 잘 안 한다. 얼굴만 빤히 바라보고 가거나, 아니면 인사하기 싫어서인지 부끄러워서인지 그냥 뛰어가는 학생들이 많다. 하루는 앞에 오던 학생이 나에게 공손하게 인사를 했다. 나는 고개를 끄덕이며 "그래, 안녕?" 하고 답해 줬는데, 알고 보니 그 학생은 내가 아니라 내 뒤에 오던 다른 선생님에게 인사한 거였다. 나는 눈이 나쁜 편이어서, 그 학생이 나에게 인사한 건지 다른 곳을 보고 인사한 건지 구분하지 못했던 거다.

소심한 A형인 나는 그 뒤로 학생들과 지나치며 인사할 때 나도 모르게 트라우마가 생겼다. 학생들과 마주치는 순간순간이 불편해졌고, 피할 수 있다면 피하고 싶었다. 그래서 언제부터인지 학생들의 인사를 '쌩깠다'. 모른 척 지나가기도 하고, 전화하는 척하면서 지나가기도 했다. 이런 행동 탓에 학생들 사이에서 나는 인사도 '쌩까는' 네가지 없는 선생님이 되었고 급기야 한 학생에게 "왜 선생님은 인사를 안 받아요?"라는 볼멘소리를 들어야만 했다.

"선생님이 눈이 나쁘기 때문에 인사하는 게 잘 안 보여서 그래! 미안해."

이렇게 궁색하게 둘러댔지만, 그 학생의 한마디 날카로운 지적은 내 머리를 쿵 내리치는 것만 같았다.

"선생님은 눈만 안 보이시는 게 아니라 귀도 잘 안 들리시나 봐요!"

그동안 나는 학생들에게 핑계를 대느라 급급한 나머지 내 눈앞만 가리려고 한 것은 아닌지, 학생들의 말을 듣지 않으려고 일부러 귀를 닫은 것은 아닌지 다시 한 번 생각해 본다.

대체어

생먹다

'쌩까다'는 '무시하다' '알은척하지 않다' '오랫동안 연락을 끊다' 등을 의미하는 단어로, 어감이 좋지 못하다. 이 말 대신 쓸 수 있는 순우리말이 있다. 바로 '생먹다'다. '남이 하는 말을 잘 듣지 않다' '일부러 모르는 체하다' '사냥을 위해 동물을 가르쳐도 길이 잘 들지 않는다'는 뜻의 이 단어는 '쌩까다'에 담긴 의미를 어느 정도 포함하고 어감도 나쁘지 않다.

뒷다마

자신의 가치를 떨어뜨릴 뿐이다

어원

'뒷다마'는 본래 당구장에서 쓰는 말이다. 공(다마)이 처음 의도한 대로 가지 않고 빗나갔다가 반 바퀴 더 뒤로 돌아와서 맞히는 것을 가리킨다. 상대방의 공이 내 공을 맞히지 못한 줄 알고 내심 기뻤는데, 뒤에서 슬그머니 돌아와 내 공을 맞히면 마치 뒤통수를 맞은 기분이다. 앞에서 떳떳하게 공을 맞히지 않고 뒤에서 맞히는 것이 꼭 남의 뒤에서 험담을 하며 뒤통수치는 행동과 비슷하다는 의미로 이 말을 사용한다.

여성들이 뒷다마를 까는 이유

학창 시절에 여학생들이 우정을 확인하는 방법은 화장실에 함께 가는 것이다. "화장실 같이 갈래?"라는 수줍은 말 한마디는 여학생들 사이에서 "우리 친하게 지내자!" "방과 후에 떡볶이 먹으러 갈래?" "우리 집에 놀러 가자!"와 같은 뜻이다. 한마디로 너와 친하게 지내고 싶다는 말이다. 그래서 인간의 삶에 가장 중요한 생리 현상을 처리하는 곳까지도 너와 함께 가고 싶다는 의미로 풀이할 수 있다. 남학생들 사이에서는 우정을 확인하겠다며 화장실에 같이 가자고 하면 다들 이상하게 쳐다보며 변태 취급을 하겠지만, 여학생들에게는 뭔가를 공유하는 것이 매우 중요하다. 그것이 화장실이든 미용실이든 뭐든 말이다.

학교를 졸업하면 더 이상 화장실에 함께 갈 수는 없다. 그리하여 여성들 사이에서 우정을 확인하는 방법에도 변화가 생기는데, 그것이 바로 함께 뒷다마 까는 것이다. 여성들은 다른 사람들과 이야기를 나누면서 위로받고 공감을 얻으면 심리적으로 안정감을 느낀다. 즉 이런 위로와 공감 속에서 우리는 운명 공동체임을 확인하게 된다. 여성들이 뒷다마를 까는 이유가 얼핏 보면 다른 사람을 험담함으로써 깎아내리려는 것 같지만, 사실은 자기가 속한 집단의 구성원들과 뒷다마를 까면서 공감하고 동질감 또는 소속감을 느낄 수 있기 때문이다. 여성들에게는 함께 욕해 주고 내 처지를 위로해 주고 공감해 주는 것이 바로 우정이다.

면전에서 대응하기엔 상대가 만만하지 않다

보통은 일하다가 불만이 생기거나 마음에 들지 않으면 그 자리에서 직접 말할 수 있다. 그렇지만 자기보다 우위에 있어 면전에서 상대하다가는 본전도 찾지 못할 가능성이 높다면, 불만을 직접 드러냈을 때 자신에게 손해가 돌아온다고 생각하면, 차마 그 앞에서 내 속마음을 말할 수가 없다. 나에게는 먹여 살려야 할 가족이 있다. 그렇다고 내 감정을 마음속에 꽁하게 가둬두면 괴롭고 힘들다. 그럴 때 다른 사람들과 뒷다마를 까면 체증이 싹 내려간다.

보통 직장 상사에 대한 뒷다마가 이런 식으로 이루어진다. 동료들과 맥주 한잔하며 직장 상사를 놓고 뒷다마를 까다 보면 스트레스가 확 풀리는 희한한 효능을 경험하게 된다. 뒷다마를 까는 이유는 남들과 갈등을 빚지 않고 세상을 둥글게 살아가기 위해서라고 포장하기도 하지만, 사실은 면전에서 대응하기에는 상대가 만만치 않기 때문이라는 것을 다들 알고 있다.

높이려다 떨어뜨리는 꼴

사람들에게는 상대방을 뒷다마 까면서 그 사람을 깎아내리면 상대적으로 자신의 가치가 높아질 거라고 생각하는 심리가 있다. 그래서 사람들은 뒷다마를 까면서 상대방의 가치를 끌어내리려고 노력한다.

그런데 보통 이렇게 뒷다마 까는 사람들은 상대방이 훌륭하고 가치 있다는 것을 의식하고 자신의 자리에 불안감을 느껴 상대방에 관한 헛말이 많아진다. 다른 사람의 뒷다마를 까고 있다는 자체가 자기 스스로에게 자신이 없다는 것을 드러내는 행동이며, 그런 행동은 사람들에게 좋지 못한 인상을 남긴다. 결국 자기 스스로 자신의 가치를 떨어뜨리는 꼴이 된다.

딱히 이유 따위는 존재하지 않는다

친한 친구끼리 모인 남성들의 술자리 뒷다마가 대개 이런 식인데, 남성들은 그저 재미있으려고 농담 따 먹기 식으로 아무 생각 없이 하는 경우가 다반사다. 바람직하지는 않지만 여성의 외모 이야기를 시작으로 평소에는 관심도 없던 정치, 경제, 사회 분야에 관한 뒷다마로 끝을 낸다. 남성들의 술자리 뒷다마에는 딱히 뒷다마를 까야 할 이유 따위는 존재하지 않는다. 뚜렷한 이유 없이 그저 그 시간을 즐겁게 보내기 위해 뒷다마가 가능하다는 것을 보여 준다.

대체어

험담, 뒷말

살다 보면 다른 사람 이야기를 할 때가 있다. 그것이 좋다 나쁘다를 떠나, 뒤에서 다른 사람 이야기를 하는 것을 '뒷다마' 또는 '뒷담화'라고 한다. '뒷다마'는 일본어가 합쳐진 말이고, '뒷담화'는 우리말 구조에 맞지 않은 모두 잘못된 표현이다. '험담' 또는 '뒷말'이라고 써야 문법적으로 맞다.

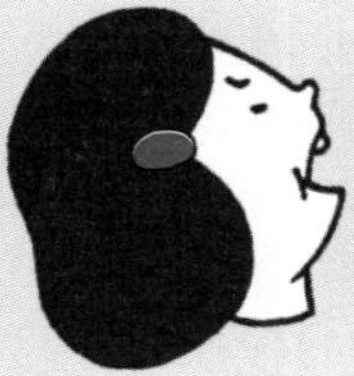

땡잡다

일상에서 우연히 얻는 행운

어원

화투 노름판에서 유래한 말이다. 같은 짝 두 장으로 이뤄진 패를 '땡'이라고 하는데, 이 패를 잡으면 이길 확률이 높아진다. 그러니까 '땡잡았다'는 말은 패가 좋게 들어와서 곧 횡재하게 생겼다는 의미다. 뜻하지 않은 우연한 기회에 얻은 행운을 가리키는 말로 쓰인다.

언제부터 있었던 거지?
갑자기 비가 오는 날,
가방 깊숙한 곳에서 우산을 찾았다.
우연히 꺼내 든 책 사이에서 숨겨 놓고
까맣게 잊었던 비상금을 찾았다.

땡잡았다!

갈구다

갈구는 방법도 가지가지다

어원

발음과 형태가 비슷한 '갉다'에서 그 어원을 추측해 볼 수 있다. '갉다'는 '날카로운 끝으로 물체를 박박 문지르다' '좀스럽게 헐뜯다' '비열한 짓으로 약자의 재물을 빼앗다' 등 다양한 의미가 있다. 이 '갉다'가 사람들 입에 오르내리는 과정에서 '갈구다'가 되었다고 한다.

애정형

학생들을 너무 사랑하는 나머지 직접 혼내며 야단치려면 가슴이 아프다. 모든 학생을 사랑으로 감싸 줘야 한다는 사명감 때문에 끊임없이 학생들을 훈계할 새로운 방법을 찾으려 애쓰고, 성선설을 믿으면서 학생은 자신의 '갈굼'을 통해 변하게 할 수 있다고 믿는다.

애정형 선생님들은 학생들을 갈구는 방법으로 숙제 안 해 오면 선생님과 포옹하기, 지각하면 선생님이 학생 볼에 뽀뽀하기 같은 행동을 몸소 보여 주는 경향이 있다. 여기서 중요한 포인트! 선생님과 학생은 동성이라는 점. 남학생들에게 효과 만점이다. 학생들이 치를 떤다.

트리플 A형

순간적인 화를 참지 못해 학생이 변명할 틈도 주지 않고 따발총처럼 쏘아 댄다. 중간에 학생이 끼어들거나 반항하면 얼굴이 시뻘게지면서 '감히 선생님에게 대들어?'라는 생각이 머릿속을 지배하며 당황한다. 권위 의식이 강해서 학생을 무시하며 말하는 게 특징이며, 같은 말을 반복하거나 학생을 굴복시키기 위해 자존심 건드리는 발언을 하기도 한다.

그러나 트리플 A형은 이렇게 내지른 다음 '그 학생이 상처받으면 어쩌지? 내가 너무 심했나?' 하는 초조함과 불안감에 휩싸이고, 한 시간도 채 지나지 않아 그 학생을 다독여 준다.

"네가 미워서 그런 게 아니라 다 너를 아끼고 사랑해서 그런 거야! 선생님 마음 알지?"

병 주고 얼른 약 주는 유형이다.

레퍼토리형

레퍼토리형 갈굼은 말꼬리를 잡으면서 사람을 환장하게 만드는 것이 특징이다. 선임은 "잘 몰랐습니다"라는 후임의 말에 "잘 모르면 다냐?"고 묻는가 하면, "죄송합니다"라는 후임의 말에 "죄송하면 다냐?"고 되묻는다. 후임이 "앞으로 잘하겠습니다"라고 하면 "앞으로 잘하면 다냐?"며 아무 말도 못하게 만든다. 이것이 진정한 군대에서 이루어지는 갈굼의 레퍼토리다.

그런데 학교에서도 이렇게 레퍼토리형으로 학생을 갈구는 선생님이 있다. 군대에서 하는 레퍼토리처럼 말꼬리를 잡으며 어떤 대답도 할 수 없게 만든다. 보통 위와 같은 식으로 훈련병을 갈구던 훈련 조교, 장교 출신 선생님들이 여기에 속한다. 이럴 때는 답이 없다. 그냥 무조건 잘못했다고 비는 게 최고다. 잘못했다고 빌어도 혼날 거다. 그래도 근성 있게 빌어야 한다.

연대 책임형

소수의 잘못한 책임을 반 전체에 지우며 갈구는 형태다. 이처럼 연대 책임을 부르짖는 선생님들은 대개 의리를 엄청 중요시하기 때문에 의리를 저버리는 행동을 했을 때는 어떤 고통도 감내할 마음의 준비가 되어 있어야 한다. 한 사람의 고통은 모든 사람의 고통이며 아픔이다. 반 전체 분위기가 너무 풀어졌거나 반 학생들이 서로에게 무관심할 때, 또는 학급 내 따돌림이 있을 때 선생님은 학생들을 연대 책임 방식으로 갈구면서 반 학생들이 한마음으로 뭉치기를 갈구한다. 한 사람의 희생보다 전체의 양보를 바라는 선생님의 깊은 마음이 담긴 갈굼이다.

나는 잘못이 없는데도 갈굼을 당해야 하기 때문에 억울하기 그지없다. 그렇지만 시간이 지나고 나면 그런 시간조차 소중한 추억이다.

쪼개다

여기서 이러시면 안 됩니다

어원

하나를 두 개 이상으로 나눈다는 '쪼개다'에서 나온 말. 입을 다물면 하나처럼 보이던 입이, 슬며시 웃을 때는 입술이 벌어지면서 둘로 나뉘는 모습을 표현한 의태어다. 입 모양을 살짝 비틀면서 실없이 웃는 모습, 살짝 비웃는 듯한 표정, 소리 없이 입을 비틀며 품위 없이 웃는 모습 등을 포함한다.

즐거운 상상 중이니 방해하지 마세요

며칠 전 문법 수업 시간, 관형어와 부사어를 가르치고 있었다. 학생들이 좀 지루해하는 것 같기에 야유하면서 잠이나 깨라고 칠판에 이런 예시를 썼다.

“예쁜 선생님께서 수업을 하신다.”

아니나 다를까, 여기저기서 야유가 터져 나왔다. 그 웅성거림을 즐기며 학생들이 잠을 깨기만 기다리는데, 맨 앞에 앉은 한 녀석이 여전히 눈을 지그시 감은 채 그야말로 실실 쪼개고 있는 것이 아닌가? 입꼬리가 귀에까지 걸려서 방글방글, 실실 웃는 모습이 뭔가 엄청 즐거운 상상에 빠진 듯했다. 나는 조용히 다가가 등짝 스파이크를 한 방 날리려다 꾹 참고 나긋한(?) 말투로 물었다.

“너 지금 뭐 하고 있니?”

그러자 반 학생들이 깔깔거리며 “저 새끼 변태예요!” 이렇게 면박을 주었다. 그러건 말건 나는 그렇게 해맑은 미소를 보는 게 참으로 오랜만이어서, 그 학생이 도대체 무슨 상상을 했는지 궁금해졌다. 그 학생은 즐거운 상상에서 헤어나지 못했는지 약간 풀린 눈으로 말했다.

"롤에서 이기는 상상을 했어요."

그게 뭐냐고 물으니 요즘 젊은이들이 즐기는 핫한 게임이란다. 우리 학생들이 행복한 웃음을 짓게 만들 수 있는 게 이런 상상밖에 없는 걸까? 게임에 이기는 상상만으로도 이렇게 행복해서 실실 쪼개고 있는 순박한 그 녀석을 보니 한편으로는 안쓰러운 마음이 들었다.

비민주적인 맹종을 강요하는 단어

'쪼개다'는 말은 어떤 상황에서 사용하느냐에 따라 긍정적으로도 부정적으로도 느껴질 수 있는 단어다. 즐거운 상상을 하거나 재미있는 드라마를 보며 혼자 실실 웃는 모습을 표현하기 위해 쓸 때는 그저 의태어 기능만 한다고 볼 수 있다. 그러나 누군가의 행동을 비난하거나 명령·강요하기 위해 쓸 때는 삼엄하고 무서운 분위기가 덤으로 따라온다. 그런데 우리는 보통 전자보다 후자의 경우로 이 단어를 더 많이 사용한다.

후자의 '쪼개다'는 주로 강자가 약자를 위협할 때 많이 써 왔다. 이를테면 "쪼개지 마!"처럼 명령의 형태로 쓰일 때가 그렇다. 권력과 힘을 중요하게 여기는 군대에서 고참이 이른바 군기를 잡을 때 가장 많이 쓰는 말도 바로 이것이다.

나도 이 말을 써 본 적이 있다. 수업 시간에 쓸데없이 내 개인사를 꺼내 분위기를 이상하게 만들며 내 이미지까지 함께 추락시키는 한 학생이 씨익 웃는 모습이 얼마나 보기 싫었던지, 그냥 "실실대지 마라!"라고 해도 될 것을 "어디서 실실 쪼개고 있어?"라고 했다. 강해 보이고 싶은 바람, 그래서 나를 우습게 만들려고 하는 그 학생의 기를 단 한마디로 확 눌러 주고 싶은 바람이 집약된 단어였다. 이렇게라도 강하게 밀어붙여야 선생님을 가지고 놀리려다가도 그나마 꼬리를 내린다고 변명하고 싶지만, 사실 나는 그 학생에게 강자이고 싶었던 거였다.

너는 내 밑에 있다, 그러니 까라면 까라. 왠지 이 말은 "이유는 없고 그냥 그 입 다물어!"라는 비민주적인 맹종을 강요하는 느낌이 강하다. 그러니 선생님과 학생의 대화, 친구끼리의 대화, 남녀 간의 대화에서 아주 일상적으로 쉽게 말하는 이 '쪼개다'는 단순히 실실 비웃는 행위를 묘사하는 말처럼 보이지만, 아무런 죄책감도 느끼지 않으면서 다른 사람을 아주 쉽게 위협하는 말이기도 하다.

아무 생각 없이
실실 쪼개기 좋은
영화&책

영화 〈말할 수 없는 비밀〉

음악을 주제로 한 영화. 보는 내내 음악이 흘러나온다. 볼 때마다 가슴이 두근거리는 명장면이 있는데, 바로 음악을 전공하는 예고생들이 피아노 경합을 벌이는 장면이다. 피아노 배틀을 하면서 〈흑건 백건〉, 〈쇼팽의 왈츠〉, 〈두금삼〉 세 곡을 연주하는데, 그 연주를 듣는 몇 분 동안은 나도 모르게 실실 쪼개게 된다. 이 피아노 배틀은 굳이 영화 전체를 보지 않고 이 장면만 따로 봐도 기분 전환에 최고다.

책 『삼미 슈퍼스타즈의 마지막 팬클럽』

치욕스러운 패배 기록을 가진 '삼미 슈퍼스타즈'라는 프로야구 팀에 관한 이야기. 야구를 몰라도, 야구를 좋아하지 않아도, 나처럼 야구장만 좋아해도 읽을 수 있는 책이다. 오늘도 지고 내일도 지고 하루 푹 쉬고 그다음 날도 지는 삼미 슈퍼스타즈, 일관되게 지고 용의주도하게 지며 주도면밀하게 지고 한마디로 거의 진다는 삼미 슈퍼스타즈의 팬클럽 회원이었던 박민규 작가가 번번이 지기만 하는 울화통 터지는 상황을 웃음으로 승화시키며 유쾌한 문체로 풀어 간다. 한번 펼쳐 들면 내려놓을 수 없는 마력이 넘치고, 어느 순간 너무 재밌어서 실실 쪼개고 있는 나 자신을 발견하게 된다. 아무 생각 없이 실실 쪼개고 싶은 날 강추하는 소설이다.
주의! 공공 장소에서 읽지 마시오! 혼자 실실 쪼개고 있는 모습에 이상한 사람으로 오해받을 수 있음.

엿 먹어라

명예를 되찾아야 한다

어원

❶ 조선 시대 남사당패의 은어에서 유래했다는 설. '엿'은 여성의 성기를 뜻했으며 여자한테 잘못 걸려서 된통 혼 좀 나라는 뜻으로 쓰던 그들만의 은어였다고 한다.

❷ 서양에서 죽은 사람이 입을 벌리고 죽으면 엿을 물려 관에 넣은 데서 유래했다는 설. '입을 다물어라' '죽어라'라는 뜻을 포함한다.

어머니들의 교육열로 만들어진 단어

1964년 12월, 서울 지역 중학교 입학 시험에 다음과 같은 문제가 출제되었다.

"엿을 만들 때 엿기름 대신 넣어도 되는 것은?"

객관식인 이 문제의 정답은 ①디아스타아제였다. 문제는 ② 무즙이라고 답한 학생들이었다. 한 문제가 맞느냐 틀리느냐에 따라 합격 여부가 판가름 나기에 ②번이라고 답한 학생과 학부모들이 일제히 들고일어났다. 무즙도 정답이라며 맞게 해 달라고 항의한 것이다. 무즙에도 디아스타아제 효소 성분이 들어 있다는 이유에서였다. 학교와 교육 당국이 거절하자 학부모들은 무즙을 이용하여 실제로 엿을 만들어 학교 온 사방에 바르면서 "엿 먹어라. 이게 무로 곤 엿이다. 이 엿 한번 먹어 봐라!" 외치며 시위를 했다고 한다. 예나 지금이나 우리 어머니들의 교육열(?), 치맛바람은 정말 대단하다. 그리하여 학교와 교육 당국은 어쩔 수 없이 무즙도 정답으로 인정하기로 했다. 그러자 이번에는 디아스타아제라고 답한 학부모들이 더욱 거세게 항의했다. 결국 이 사건은 법원으로 옮겨진 끝에 둘 다 정답으로 처리하라는 판결을 받았다. 그래서 어떤 일이 경우에 맞지 않을 때

"이런 엿 같은"이라는 표현을 쓰게 되면서 "엿 먹어라"가 욕설로 변질된 것이다.

복을 뜻하는 단어였다

예전에는 중요한 시험을 앞둔 수험생에게 엿을 선물하며 합격을 기원했다. 엿의 끈끈한 속성처럼 가고 싶은 학교에 한 번에 딱 붙으라는 의미였다. 그래서 대학 입시를 치르는 날이면 자식의 좋은 성적을 바라는 어머니들이 교문에 커다란 엿을 딱 붙여 놓고 열심히 기원하는 모습이 카메라에 잡히곤 했다.

그런데 세월이 흐르면서 엿이라는 단어가 부정적으로 쓰여서인지, 아니면 세련되어 보이는 사탕과 초콜릿이 사람들의 마음을 사로잡으면서 엿은 모양이나 맛이 촌스럽다고 여겨서인지, 엿으로 합격을 기원하는 모습은 점점 드물어졌다.

시골에서는 겨울철 멀리서 오는 손님에게 가장 귀한 음식으로 내준 것이 바로 엿이었다고 한다. 엿을 선물한다는 것은 복을 선물한다는 의미였기 때문에 옆 마을 사람들과 인사할 때도 으레 엿을 담은 바구니가 들려 있었고, 시집가는 딸 이바지 음식에도 정성 들여 만든 엿을 사돈댁에 넣어 보냈다. 복 많이 받으라는 덕담의 의미였다고 한다.

잘못 쓰다간 총 맞는다

학생들의 대화를 옆에서 듣다 보면 기가 막힐 때가 있다. 할 말이 없을 때, 말하는 것조차 입 아프다고 생각할 때, 학생들은 유유히 가운뎃손가락을 세워 보이며 이렇게 말한다.

"엿 먹어라!"

욕을 하면서 동작까지 한다? 이것은 내 몸뚱아리와 입 밖으로 내뱉은 욕이 하나 되는 순간이다. 그러니 욕만 할 때나 동작만 할 때와는 또 다른 파격적인 느낌을 전한다. 그래서 마치 종합 선물 세트 격의 욕처럼 느껴질 수 있다. 당연히 듣는 사람은 두 배로 기분 나쁘다.

그런데 요즘은 이런 행위가 학생들에게 더는 욕처럼 느껴지지 않는다. 집에 갈 때 손을 흔들거나 최고라고 엄지를 척 들어 올리는 것과 같은 평범한 일상의 동작으로 자리 잡았기 때문이다. 게다가 이런 행동이 엄청난 간지처럼 느껴지는지 시도 때도 없이 가운뎃손가락을 세워 보이는데, 잘 살펴보면 그 손가락은 사실 손가락을 들어 올린 나 자신을 향해 있다. 따라서 가운뎃손가락을 세워 보이며 하는 "엿 먹어라!"라는 욕은 나 자신에게 하는 욕이나 다름없는 셈이다.

외국에서는 비슷한 말로 "fuck you"를 쓰며 가운뎃손가락을 척 세워 보이기도 한다. 그런데 외국에서는 이 말을 아주 심한 욕으로 치부하기 때문에, 성격 나쁜 사람에게 쓰다가 잘못 걸리면 그 자리에서 총 맞는다고 한다. 우리나라 사람들은 이 욕의 의미를 정확하게 모른 채 시시덕거리며 자기 손가락이라고 자기 맘대로 마구 세워 보이지만, 상대방이 내게 이 욕을 할 때는 총 맞을 만한 욕이라는 사실을 꼭 알려 줘야 한다.

강한 투지를 보여 줄 때 혼잣말

몇 해 전 방영된 텔레비전 드라마 〈천일의 약속〉에서 알츠하이머병에 걸린 주인공이 자신의 병을 알고 난 뒤 분노에 차서 양치질을 하며 거울에 비친 자신에게 말한다.

"엿 먹어라! 알츠하이머."

자신의 병을 알고 난 후 그녀가 예상과 달리 씩씩하고 용감해서 통쾌함마저 느꼈다. 자신을 위협하는 병을 이겨 내려는 투지를 불태우는 한마디였기 때문이다.

이처럼 가끔 마음을 싱숭생숭하고 우울하게 만드는 악마가 접근할 때는 "엿 먹어라!" 하고 혼잣말로 읊조려도 좋다. 이를테면 공부하려고 마음먹고 오랜만에 책상 앞에 앉은 내 눈앞에 어제 했던 애니팡이 자꾸 맴돌며 나를 유혹하면 "엿 먹어라, 애니팡!"이라고 외치며 공부를 향한 의지를 불태운다. 친구들과 PC방에서 스타 한번 하고 싶은 유혹이 들 때 "엿 먹어라, PC방!"이라고 외치며 게임의 유혹을 뿌리친다. 다이어트 중인데 밤에 자꾸만 치맥이 생각날 때 "엿 먹어라, 치맥!"이라고 외치며 더 이상 물러날 수 없다는 강한 투지를 보여 준다. 어떤 상대방에게 직접적으로 의미가 전달되는 게 아니니 기분 나쁠 일도 없고, 혼잣말로 읊조리며 무기력함과 싸워 낼 수 있으니 이처럼 좋은 나만의 주문이 또 있을까?

그렇지만 반드시 혼자 있을 때 해야 한다는 점, 다른 사람들 앞에서 하면 무식한 사람처럼 느껴질 수 있다는 점을 꼭 기억해야 한다.

주접

차마 계속 볼 수가 없다

어원

여러 가지 이유로 생물체가 제대로 자라지 못하고 쇠하여 지는 일, 또는 옷차림이나 몸치레가 초라하고 너절한 것, 한마디로 덜떨어진 모습이나 행동을 가리킨다.

차가운 한마디가 약이다

버스를 타고 출근하다 보면 학교 근처에 자리 잡은 판자촌이 눈에 들어온다. 도로를 가운데에 두고 오른쪽은 아파트 단지, 왼쪽은 판자촌. 판자촌에는 〈인간극장〉에나 나올 법한 허물어진 집들이 다닥다닥 붙어 있었다. 처음에는 저런 곳도 있구나 하고 무심하게 지나쳤다. 그런데 택시를 탄 날, 택시 운전사 아저씨가 학교 정문을 찾지 못해 골목을 빙글빙글 돌던 바로 그 날, 멀리서만 보던 그곳을 가까이에서 직접 보게 되었다. 그리고 그 골목에 사는 아이들이 우리 학교에 다닌다는 사실도 알았다.

유난히 한부모가정과 기초생활수급자 가정이 많은 우리 학교에 어느 날 이름만 대면 아는 부자 동네의 좋은 사립 고등학교에서 한 학생이 전학을 왔다. 이렇게 좋은 학교에서 우리 학교로 전학 오는 이유는 딱 두 가지다. 첫째는 공부 잘하는 아이들한테 치이지 않고 내신을 잘 따기 위해서다. 둘째는 학교에서 문제를 일으켜 강제 전학을 오는 경우다. 첫인상을 보니 후자의 경우가 틀림없었다. 수업 시간에 껄렁껄렁하게 행동하는 것은 기본이요, 매번 책도 없고, 책상 위에는 지갑 정리다 가방 정리다 뭐다 해서 잔뜩 늘어놓고 어수선한 행동을 계속했다. 매 시간마다 그런 어수선하게 굴어서 눈에 거슬리니 좋은 말이 나올 수가 없었다.

하루는 수업 시간에 책도 펴지 않고 내내 떠들고 앉아 있기에 도대체 뭐 하는 녀석이냐고 야단쳤더니, 갑자기 엄청 건방진 표정으로 이렇게 주접을 떠는 게 아닌가.

"선생님, 저 ○○고에서 전학 왔어요. 그리고 저 압구정 살아요!"

그래서 어쩌란 말인가. 압구정동에서 사는 아이는 잘못을 해도 혼내면 안 되는 건가? 부자 동네에 사는 학생은 "고갱님~" 하고 콧소리 내면서 VIP로 대우해 줘야 하는 건가? 생뚱맞은 동문서답도 그렇지만 대책 없는 이 녀석의 고리타분한 사고방식이 너무나 황당했다. 배알도 없는 착한 녀석들은 "오! 좋은 데 산다" 웅성거리면서 부러워하고 있다. 이렇게 주접떠는 모습을 차마 계속 볼 수 없어 단칼에 잘라 말했다.

"압구정에서 왔건 구정물에서 왔건 간에 입 다물고 뒤로 나가 있어!"

뭐 저런 선생이 다 있냐는 제스처를 하며 교실 뒤로 나가는 그 녀석을 보니, 주접을 떨 때는 그저 차가운 한마디가 약이라는 생각이 들었다.

웃게도 만들고 울게도 만드는 주접

학교의 생리도 모르고 탁상공론만 하는 몇몇 윗사람들은 학생들의 인권이 중요하다며 두 팔을 걷어붙였다. 선생님의 '사랑의 매'마저 범죄로 치부되었다. 학교 체벌은 금지되고 학교에 경찰차가 출동하기도 했다. 수업 중인 선생님을 학생들이 보는 앞에서 끌고 나가거나, 교사가 학생과의 합의를 위해 학생에게 무릎 꿇고 사과하는 경우도 더러 생겼다.

교사의 인권은 바닥으로 떨어졌다. 학생들의 인권을 살리느라 선생님들의 인권은 땅으로 떨어졌고 공교육은 힘을 잃어버렸다. 학교에서 실제로 어떤 일이 벌어지는지도 모른 채 책상에만 앉아 학교 분위기를 망치는 교육계의 모습도 '주접'을 피해 갈 수 없다.

학생들에게 학교가 여관이 된 지 오래다. 학교 이름 뒤에 '~장'을 붙여 친절하게 이름까지 지어 준다. 수업 시간에 엎드려 자는 학생을 깨우는 선생님에게 육두문자를 날린다. 그런데 학생 인권 때문에 혼내서는 안 된다. 학생 지도를 제대로 못하니 학생들에게 웃음거리가 된다. 담배 피우는 학생에게 주의를 준 선생님은 퇴근길에 그 학생에게 오토바이로 치이고, 수업 시간에 똑바로 하지 않는다고 훈계하자 경찰에 신고할 거라고 마패 꺼내듯이 휴대폰을 내밀며 으름장을 놓는다. "암행어사 출두요!"만 안 했지 암행어사가 따로 없다. 이거 원, 무서워서 생활지도 하겠나.

얼마 전까지만 해도 많은 사람들이 주접을 '푼수 짓과 오버액션으로 웃음을 유발하려는 탁월한 재치와 유머 감각'이라는 의미로 새롭게 정의 내렸다. 그래서 사람들에게 주접은 추하고 염치없는 일이 아니었다. 연예인들은 주접을 떨며 사람들에게 즐거움을 주었다. 그러나 대다수의 사람들은 이제 더 이상 주접을 떨지 않는다. 대신 상대방을 희롱하면서 깎아내리고 자신을 높임으로써 자신의 존재를 포장하려 애쓴다. 주접은 사람들을 웃게도 만들고 울게도 만든다. 정말 참 주접이다.

대체어

발랄하다

구세대에게는 칭찬이 아닌 말이 신세대에게는 칭찬으로 통하는 경우가 있다. '주접'은 경망스러운 행동을 가리키지만 못난 짓이나 우스꽝스러운 행동으로 사람들에게 즐거움을 주는 것을 뜻하기도 한다. '주접'이라는 단어를 조금만 비틀어 보면 썰렁한 분위기를 즐거운 방향으로 끌어간다는 점에서 긍정적으로 바라볼 수 있다. 그렇다면 '주접떨다'라는 부정적인 표현 대신 '발랄하다'를 쓰면 어떨까? '주접떠는' 행동에는 어쩌면 주변을 즐겁게 해 주는 '발랄한' 행동처럼 긍정적인 면이 있는 듯하니까.

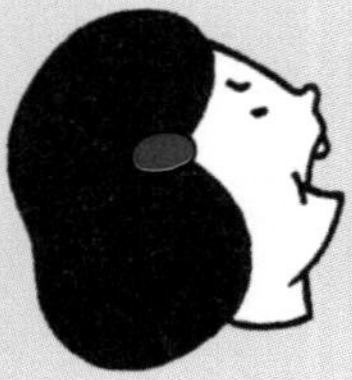

꺼져

가끔 조금은 슬프다

어원

'내 앞에서 없어져라' '사라져라' 라는 뜻에 참을 수 없는 격한 감정을 담은 말.

'사랑할 수 없는 나'로 발가벗겨진
현실을 인정하고 싶지 않아서
자신의 마지막 자존심을 지키기 위해서
정말 사랑하기 때문에 이를 악물고 뱉는 말.
가지 말라는 울부짖음처럼 들리는
눈에 뻔히 보이는 거짓말.
꺼지라는 말은, 가끔 조금은 슬프다.

꼴값

저마다의 꼴이 있고 그에 맞는 꼴값을 한다

어원

'얼굴값'의 속된 말. 격에 맞지 않는 아니꼬운 행동을 빈정거릴 때 쓰는 말이다. 단어 자체에 나쁜 의미가 담긴 것은 아니지만 대부분 부정적으로 사용한다.

예쁜 여자는 얼굴값, 못생긴 여자는 꼴값

'꼴'은 사물의 생김새나 됨됨이를 뜻하는 단어다. 그러므로 이 세상에 태어날 때부터 지닌 '꼴'을 가지고 하는 모든 행동이 '꼴값'이다. 튼튼한 사내로 태어나 방구석에 처박힌 채 이불 둘둘 감고 뒹구는 행동도 꼴값이고, 여리여리한 여자로 태어나 남자들 앞에서 갖은 내숭을 떠는 것도 꼴값이다.

그런데 이런 행동을 못마땅하게 여길 때 우리는 그런 행동을 하는 사람을 가리켜 "꼴값 떨고 있다"고 반어적으로 말하며 비난한다. 꼴값은 우리가 나쁜 의미로 많이 사용해서 그렇지, 단어 자체로는 나쁜 말이 아니다. 오히려 단어의 뜻대로라면 우리는 모두 꼴값을 해야 정상이다.

예쁜 여학생이 장학금을 타면 주변 사람들은 기특하다고 하고, 못생긴 여학생이 장학금을 타면 주변 사람들은 독한년이라고 말한다. 예쁜 여자가 무슨 일을 하면 얼굴값 한다고 하고, 못생긴 여자에게는 무슨 일을 하든지 꼴값한다고 한다.

길에서 자동차 접촉 사고가 나도 예쁜 여자가 타고 있으면 말도 조심스럽게 하는 반면, 못생긴 여자가 타고 있으면 다짜고짜 삿대질부터 하면서 "여자가 집에서 밥이나 하지!"라며 시대에 한참 뒤떨어진 말을 서슴지 않고 내뱉는다. 날씬한 여자가 밥을 많이 먹으면 어쩜 그렇게 복스럽게 먹느냐며 칭찬하고, 뚱뚱한 여자가 밥을 많이 먹으면 "그러니까 살이 찌지!" 한심하게 바라본다. 날씬한 여자가 하는 행동은 복스럽고, 뚱뚱한 여자가 하는 행동은 꼴값인 거다.

같은 행동을 하는데도 대상에 따라 부정적으로 쓰이는 이 '꼴값'이라는 단어. 이 단어에는 외모 지상주의가 판치는 세태가 반영된 느낌이라 생활 속에서 들을 때마다 왠지 모르게 많이 씁쓸하다.

자기 본연의 향기를 뽐내는 것

일부러 그러는 것은 아닌데 어떤 사람을 처음 만나면 겉모습, 즉 꼴을 보고 판단하게 된다. 특히 수업 때마다 많은 학생들을 만나는 탓에 학생 개개인의 내면을 들여다볼 시간이 그리 많지 않다. 그러다 보니 자연스레 겉모습만으로 학생들을 평가할 때가 많다.

언제나 무뚝뚝한 표정과 시니컬한 말투로 나를 대하던 한 학생이 있었다. 그 학생은 하루에 책을 두 권 넘게 읽는 독서광으로, 수업 시간에도 공부하지 않고 책을 읽는 경우가 다반사였다. 그럴 때 조용히 다가가 지적하면 학교에서는 배울 것이 없다며 특유의 시니컬한 태도로 말을 이었다. 선생님뿐 아니라 친구들을 대하는 태도가 늘 그런 식이어서, 나는 그 학생에 대한 편견과 선입견을 품고 좋지 않은 눈으로 바라보았다.

그러던 어느 날, 방학 중에 열린 독서 캠프에서 모둠 학습을 할 때였다. 그날 정해진 책을 읽고 독서 퍼즐 만들기를 했는데, 그 학생은 자기가 좋아하는 책과 관련된 활동이 나오자 다른 학생들처럼 들떠서 웃고 떠들고 적극적으로 참여했다. 다른 아이들과 말도 섞지 않고 지냈기 때문에 같은 모둠이 안 되면 좋겠다고 투덜대던 다른 학생들은 그 학생의 확 달라진 모습에 모두 깜짝 놀란 듯했다. 겉모습만 보고 판단한 나의 과오를 비웃기라도 하듯 아주 표정이 밝은 그 학생을 보면서 사람은 저마다의 꼴이 있고, 그에 맞는 꼴값을 한다는 사실을 깨달았다.

자기 본연의 향기를 뽐내는 것, 그래서 주변 사람들이 그 가치를 알게 하는 것, 이것이야말로 제대로 하는 꼴값 아닐까?

꼰지르다

사회의 불합리한 점을 고치고자 하는 첫 번째 단계

어원

다른 사람의 잘못이나 비밀을 일러바치는 것을 '고자질하다'라고 한다. 고자질은 왕실의 손과 발이 되어 생활한 내시(고자)가 궁궐에서 벌어지는 비밀스러운 일을 왕이나 권력자에게 고해바친 데서 생겨난 말인데, 이 말이 언중의 일부에 의해 자기들만 이해할 수 있는 형태로 변형된 것이 바로 '꼰지르다'이다. '고자질하다'를 인간성이 결여된 야비한 행위로 규정할 때 '꼰지르다'를 사용한다.

꼰지르는 건 나쁜 짓이야

어릴 때 오빠와 싸우고 나서 엄마에게 오빠의 만행(?)을 꼰지르면 나에게 돌아오는 것은 '일러바치는 사람이 잘못한 사람보다 더 나쁘다'는 엄마의 잔소리였다. 그래서 진실을 밝힌 내가 두 배로 혼났던 기억이 난다. 한 지붕 아래 살면서 한솥밥을 먹는 가족끼리는 서로 잘못을 감싸 줘야 한다는 엄마의 철학이 빛을 뿜는 순간이었다. 그래서 나는 그 뒤로 단 한 번도 엄마에게 오빠의 만행을 일러바치지 않았다. 속으로만 끙끙 앓으면서 억울하면 억울한 대로 그저 받아들이며 살았다.

그 영향을 받아서일까? 학생들이 수업 시간에 시시껄렁한 말을 하면서 서로 일러바치는 아름다운 우정을 접하면 이렇게 한마디 한다.

"일러바치는 사람이 잘못한 사람보다 더 나빠!"

어른이 되어서도 참 곤란할 때가 있다. 진실을 말하려 하면 왠지 꼰지르는 듯하고, 내가 구질구질하고 비열하고 나쁜 이미지로 비칠 것 같다. 그렇다고 입을 다물고 있자니 나만 손해 보는 찝찝한 기분이다. 괜한 시빗거리 만들지 말고 그냥 모른 척 물 흐르듯 사는 것이 상책이라 믿고 싶은데, 내 안에서 '그렇게 비겁하게 살면 안 돼!' 외치는 것 같아서 괴로운 느낌. 이런 갈등이 어른이 된 나를 항상 지배하는 가장 큰 이유는 뭘까? 꼰지르는 것은 나쁘다고 어릴 때부터 학습되어 온 까닭은 아닐까?

학생들이 꼰지르는 이유

"선생님, 뒤에서 휴지 던져요."

"선생님. 뒤에서 자꾸 괴롭혀요!"

"선생님, 얘 숙제 안 했어요!"

"선생님, 재 뺑치는 거예요! 속으시면 안 됩니다."

수업 시간에 교실 분위기와 교우 관계를 아름답게(?) 하는 말·말·말이다. 내가 보기엔 둘이 똑같이 행동한 것 같은데 다른 학생에게 죄를 뒤집어씌우거나, 둘이 장난치다가 뭔가 골려 주고 싶으면 이런 말을 한다. 그런데 학생들이 선생님에게 무언가를 꼰지르는 이유는 여러 가지다.

첫째, 규칙을 제대로 지키지 않는 다른 친구의 행동이 거슬리기 때문이다. 예를 들어 두발 검사를 하는 날, 염색한 머리를 들키지 않으려고 머리카락을 먹지 수십 장으로 비벼 대는 학생을 보면 얕은꾀로 위기(?)를 벗어나려는 그 행동이 거슬리는 것이다. 왠지 정의감에 불타올라 그 현장을 고발해야만 할 것 같은 의무감이 든다.

둘째, 자신에게 직접적인 피해를 주는 행동을 알리고 도움을 요청하기 위해서다. 괴롭힘을 당하는 학생들의 일반적인 유형이기도 한데, 주의를 기울이지 않으면 학생들끼리 서로 놀리느라 저러나 보다, 또는 자기들끼리 장난치나 보다 하고 무심하게 넘길 수도 있다.

셋째, 관심을 끌기 위해서다. 수업 시간의 시시껄렁한 꼰지름은 다 여기에 속한다. 공부를 잘하지도 못한다. 착실하지도 않다. 연예인처럼 눈에 들어올 만큼 잘생기지도 않았다. 그렇다면 우리가 선생님에게 어필할 수 있는 무기란 무엇이냐? 맞다. 수업 시간에 시시껄렁한 농담이나 던지면서, 친구들의 행동을 꼰지르면서 선생님의 관심을 끌어모으는 거다. 물론 관심을 끌려다가 관심을 끄게 하는 부작용을 일으킬 수도 있다.

넷째, 대처 방법을 몰라서 어른이 문제를 대신 해결해 주기를 바라는 행동일 수도 있다. 학교라는 작은 울타리 안에 갇혀서 아직 사회를 제대로 경험하지 못한 학생들은 문제 상황이 일어나면 대처하는 능력이 떨어지는 것이 당연하다. 그래서 조언을 듣고 싶은 마음에, 또는 문제를 해결해 주었으면 하는 마음에 꼰지르는 것일지 모른다.

다섯째, 나만 혼나기 싫어서다. 일명 물귀신 작전이다. 특히 휴대폰을 사용하다가 걸리면 혼자 벌 받는 것이 외롭고 쓸쓸한지 꼭 다른 학생까지 끌어들여 압수와 처벌의 늪으로 데려간다. 친구들끼리 어찌 이리 의리가 없느냐며 핀잔을 주기도 하지만, 똑같은 행동을 하고 혼자만 걸려서 처벌받는 억울한 심정이 이해되지 않는 바는 아니다. 의리가 없어서 꼰지르기도 하겠지만, '세상은 혼자 살아가는 것이 아니라 서로 도우며 둥글게 살아가는 거야!' 하는 동료애(?)를 과시하는 방법인지도 모른다.

꼰지름과 묵인의 차이

꼰지르는 것은 더 힘센 사람에게 부탁해서 억울한 일을 잘 해결하려는 행동이다. 이 억울한 행동이 극히 주관적이라면 그냥 무시하고 말면 그만이지만, 자기가 대응할 힘이 없어서 꼰지르는 것이라면 나 대신 정의를 실현해 달라고 하는 아주 민주적인 행동이라고 할 수 있다. 살아오면서 느끼지만 세상에는 원칙대로 안 되는 일도 많고, 인정하고 싶지 않을 정도로 불합리한 일도 많다. 이런 문제들을 뜯어고치고자 하는 노력, 그 첫 단계가 바로 꼰지르는 거다.

꼰지르기를 좋아하는 사람은 없다. 귀찮기도 하고, 꼰지른 뒤에 감당해야 할 주변 사람들의 눈총, 그리고 꼰질렀을 때 상대방이 어떻게 받아들일지 예측 불가능해서 마음을 졸여야 하기 때문이다.

하지만 불의를 보고 침묵하는 것이 옳은 행동이라고 할 수 있을까? 한 학생이 다른 학생에게 괴롭힘 당하는 것을 모른 척해야 할까? 친구들 사이의 의리를 지킨다면서? 학생들에게 정직해야 한다고, 불의를 보면 모른 체해서는 안 된다고 가르치면서 꼰지르는 것은 나쁘다고 말한다면 앞뒤가 맞지 않는 이야기 아닐까?

가끔 나는 "꼰지르는 것이 나쁘다. 그러니 친구를 꼰질러서는 안 된다"고 말한다. 그럴 때마다 학생들에게 사회와 타협하는 방법, 그리고 상대의 아픔을 묵인하라고 가르치는 것은 아닐까 두려운 마음이 앞선다.

꼬나보다

어린 날의 치기

어원

'쏘아보다'의 전라도 사투리. '째려보다'의 은어로 많이 사용한다. 눈을 모로 뜨고 못마땅한 듯이 사람을 노려보는 모습을 의미하는 단어로 누군가를 기분 나쁘게 바라보는 행위를 일컫는다.

눈으로 선빵을 날리다

학기 초에는 교실에서 학생들 사이에 서먹함이 감돈다. 처음 본 친구들 사이에서 기득권을 잡으려는 세력(?)끼리의 눈치작전이 펼쳐지기 때문이다. 주변 사람들은 가끔 나에게 교실에 정말 짱이 존재하는지, 무서운 아우라가 뻗치는 학생들이 있는지 물어보는데, 몇 번 수업에 들어가면 특이한 면이 있는 학생들이 눈에 띄게 마련이다. 그들에게는 뭔가 특별한 구석이 있다. 그런데 친구들 사이에서 짱으로 인정받기가 쉬운 일은 아니다. 그래서 학기 초에는 짱이 되고 싶은 학생들 사이에서 다양한 신경전이 난무한다.

신경전의 핵심은 상대방에게 무조건 세게 보이는 것이다. 싸움에서도 선빵을 날리는 사람의 승률이 높듯이 이런 신경전에서도 마찬가지다. 세게 보이는 것이 장땡이다. 그러나 학기 초부터 내 손을 더럽힐 수는 없다는 굳은 각오와 첫날부터 담임 선생님에게 찍혀서는 안 된다는 강박이 합쳐져 눈으로만 선빵을 날리는데, 이것이 바로 '꼬나보는' 행위다.

'꼬나보다'는 상대방을 위아래로 훑으며 째려보듯 쳐다보는 모습을 일컫는다. 이러한 행위는 지금 내가 꼬나보는 상대, 즉 꼬나봄을 당하는 상대보다 우위에 있다는 자신감의 표현이자 세어 보이고 싶은 학생들의 치기를 드러낸다. 그러나 시간이 지나면 누가 가르쳐 주지 않아도 저절로 알게 된다. 그런 치기 어린 행동은 결국 자신의 이미지만 갉아먹는 사실을.

욕의 이중성

거제도에 놀러 가서 해물 뚝배기로 아주 유명한 음식점을 찾아간 적이 있다. 관광지의 유명한 음식점처럼 깨끗하고 북적거리지는 않지만, 오래된 소박한 멋이 풍기는 곳이었다. 현지인들이 많이 찾는, 그냥 딱 시골 동네 음식점 같았다.

그 음식점의 주방장이자 주인은 나이가 아주 많은 할머니였는데, 왠지 욕쟁이 할머니 스멜이 풍겼다. 물도 알아서 떠다 먹으라 하고, 메뉴판 보면서 고민하니까 "그냥 해물 뚝배기 처먹어!" 이렇게 말하는 분위기였다. 나이가 많기도 하고 시골 분이어서 그러려니 하고 웃어넘겼다. 그러다가 반찬을 가지고 올 때 마침 의견 충돌로 옥신각신하며 서로 째려보고 있는 나와 내 일행에게 또 한마디 거드는 게 아닌가?

"야무지게 생겨 가지고 왜 꼬나보노?"

평소 같으면 알지도 못하는 사람이 중간에 끼어들어 거친 말을 내뱉으면 한마디 했겠지만, 할머니가 던진 그 말에서는 뭔가 진솔함이 느껴져서 아무 말도 않고 웃기만 했다. 말하는 사람에게 악의가 없으면 똑같은 욕이라고 해도 우리는 웃어넘길 수 있다. 낯선 사람에게 갑자기 반말로 욕을 들으면 말하는 사람이 나이가 많든 적든 엄청 기분 나쁜 것이 당연한데, 우리는 그 할머니의 구수한 욕을 한 바가지 들으며 웃느라고 방금 우리가 싸우고 있었다는 사실마저 잊어버렸다.

사람에게 이중성이 있듯이 욕에도 나름대로의 이중성이 있다. 정말 위협적이고 무섭고 엽기적으로 들리는 욕이 상황에 따라서는 정겹고 솔직하고 친근하게 느껴질 때가 있으니 말이다.

삑사리

성공의 어머니다

어원

❶ '삐끗하다'는 단어에서 왔다는 설. '삑사리'라는 말에 담긴 '실수하다' '어긋나다' '빗맞다'는 의미를 모두 포함하는 단어이기 때문에 그렇게 추측한다.
❷ 당구 용어에서 왔다는 설. 당구에서 공을 잘못 맞히면 공이 슬금슬금 엉뚱한 방향으로 가는 것을 삑사리라고 한다. 음악에서 본래의 음을 이탈할 때 같은 의미로 사용한다.

예상했던 반응을 비껴 가는 것

악기에서 나는 삑사리는 조급한 성격 때문에 나올 때가 많다. 악기를 연주하기 전에는 적절한 압력과 호흡의 양을 조절하는 시간이 필요하다. 그런데 성격이 급한 사람들, 특히 초보자일수록 호흡의 순서를 차분히 생각하지 않고 일단 소리부터 내려는 경향이 강하다. 그러니 삑사리가 날 수밖에. 삑사리 내는 사람들은 대부분 그 일에 익숙하지 않은 초보자들이다.

어떻게 보면 악기를 다루는 것과 우리가 삶을 살아가는 것이 닮았다. 처음에는 악기를 잘 다룰 줄 몰라서 삑사리도 내며 시행착오를 겪게 마련이다. 그렇지만 이런 작은 실수를 거쳐 호흡의 양도 조절하고 적절한 압력도 만들면서 악기를 다루는 감각을 익히면 "오래전에 삑사리를 내던 그런 날도 있었지" 하며 추억하는 날이 온다. 인생도 마찬가지다. 처음 경험하는 일들이 모두 내가 원하는 대로 되지는 않는다. 공부도, 사랑도, 미래도. 이처럼 예상했던 결과나 반응을 비껴 가는 것, 이것이 바로 삑사리다.

인생에서 삑사리는 대개 뭘 잘해 보겠다는 욕망 때문에 생겨난다. 대학생 때 300명이나 되는 많은 사람들 앞에서 프레젠테

이션을 한 적이 있다. 중간중간 개그도 섞어 가며 재미있게 발표하려고 개그 소재를 여러 가지 준비해 갔는데, 개그 칠 타이밍을 엿보며 자꾸 그쪽에만 신경 쓰다가 발표할 내용을 까먹고 말았다. 평범하게 했으면 중간이라도 갔을 텐데, 공연히 더 잘해 보겠다고 용쓰다가 그야말로 '빅 삑사리'가 나서 개망신을 당했다.

그런데 이렇게 큰 실수를 하고 나니 다음 발표 때는 이런 아찔한 상황까지 염두에 두고 더 철저히 준비하게 되었다. 나를 곤경에 빠뜨리며 마음에 큰 상처를 남긴 그 삑사리가 성공의 어머니가 되어 준 순간이었다.

시간이 지날수록 더 많이 경험하게 되지만, 인생이라는 것이 자로 잰 듯 뻔하지 않기에 삑사리 빈도는 더 많아질 것이다. 삑사리에 대비하면 된다고? 언제 어떻게 우리를 강타할지 모르는 예측 불허의 삑사리여서 유비무환의 정신으로 대처하기 또한 어렵다. 그러니 우리에게 닥치는 삑사리는 그저 우리 삶의 한 부분이겠거니 하고 기분 좋게 받아들이자. 억지로 밀어낸다고 해서 해결되는 것은 하나도 없다. 삑사리도 우리 삶의 일부다.

삑사리의 힘

나는 말이 빠른 편이다. 성격이 급한 탓이기도 하지만, 하고 싶은 말이 너무나 많은데 시간은 한정돼 있으니 내가 하고 싶은 말을 모두 하고자 시간 대비 성능이 좋은 랩의 속도로 말을 한다.

그래서인지 수업 시간에 늘 삑사리가 난다. 그러면 학생들은 평소에 큰마음 먹고 웃긴 얘기 해 줄 때보다 더 좋아하며 웃어 댄다. 그럴 때면 졸던 애들도 깨우고, 한번 크게 웃고, 바로 지금 이 타이밍에 나와 준 삑사리가 무척이나 고맙다. 삑사리에는 바로 웃음이 따른다.

삑사리는 실수 또는 실패를 의미하는 루저의 단어로 여겨지는 경향이 강하다. 그렇지만 사실 삑사리가 내포하는 삶에는 웃음과 재미, 유머가 있다. 생활에 활력을 주고 삶에 여유를 안겨 주는 단어. 조금만 비틀어 다른 시각으로 바라보면 삑사리를 긍정의 단어로 여길 수 있지 않을까?

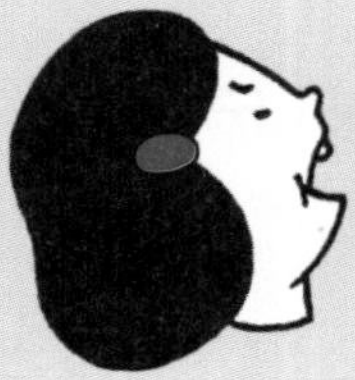

짝퉁

품고 뛰면 명품,
머리에 쓰고 가면 짝퉁

어원

나름 장인이라고 주장하는 짝퉁 제조업자들과 똑같이 베껴 내는 것도 예술이라고 믿는 이미테이션 기술이 어울려 탄생한, 가짜 명품을 일컫는 신조어. '가짜'라는 단어가 '짜가'로 뒤집어진 뒤 축약 현상에 따라 '짝'이 되고, 낮춤말인 접미사 '퉁'과 결합했다는 설이 유력하다.

대학생 때 유럽을 여행하면서 카드 한도를 믿고
명품 가방 두 개를 지르는 기염을 토했다.
여행에서 돌아와 어깨에 힘을 주고 상표가 보이도록
자랑스럽게 열심히 메고 다녔다.
가격을 전해 들은 친구들은
"야, 그 가방 진짜였어?"라고 물었다.
나는 그제야 깨달았다. 진짜 명품을 들었다고 해서
모두 진짜처럼 보이지는 않는다는 사실을.
진품을 들어도 사람에 따라서는
짝퉁으로 보일 수 있다는 사실을.

3부

양날의 칼, 친근감과 불쾌감 사이

씹다

사실 쟤가 없어서 말인데……

어원

본래 음식물을 먹을 때 치아를 사용해 소화 운동을 도와주는 뜻이다. 이 의미에서 확장되어 '비난하다'는 뜻으로 쓰이게 되었는데, '비난'이 입을 통해 이루어지기도 하고 씹으면 입 안에서 박살 나는 것도 의미 연상에 기여했을 것이라 추측한다.

누군가를 씹으며 쾌감을 느낀다

어느 개그 프로그램에 연예인들을 용기 있게 씹으며 인기를 얻은 코너가 있었다. 처음에는 너무 막말을 한다, 버릇이 없다, 개념이 없다며 시청자들에게 많이 씹혔다. 그렇지만 누군가의 약점을 건드리고 험담을 하고 개인의 진실을 캐내는 것에 사람들은 점점 왠지 모를 희열을 느꼈다.

"저렇게 완벽해 보이지만 사실은……."

빈틈 하나 없는 듯한 연예인들을 깎아내리는 모습을 보며 우리는 즐거워한다. 우리와 전혀 달라 보였던 그들도 사실은 빈틈 많고 우리와 비슷하다는 논리가 성립하면서 안도감이 느껴진다. 내가 씹든 남이 씹든 간에, 다른 사람을 씹음으로써 쾌감을 느낀다.

잘해도 씹히고 못해도 씹힌다

텔레비전을 보다 보면 나도 모르게 몇몇 연예인을 씹고 있는 자신을 발견한다. 재는 살이 너무 쪘다, 자기 관리를 제대로 못하는 것 같다, 키가 너무 작다, 말하는 걸 보니 머리가 비었다 등등. 너무 예뻐도, 너무 똑똑해도, 너무 완벽해도 씹히는 대상이 된다.

나와는 아무 관계가 없고 나에게 아무런 해도 끼치지 않았는데 이렇게 씹는 이유는 연예인이라는 위치가 사람들이 씹기에 아주 좋은 조건을 갖췄기 때문이다. 내가 아무리 씹어도 그들은 모를 테고, 왜 자기를 씹느냐고 나한테 와서 따지지 않을 것이다. 게다가 나뿐만 아니라 다른 사람들도 씹어 대니 그 사람을 씹는 죄책감도 덜 수 있다.

그런데 잘해도 씹히고 못해도 씹히는 대상이 연예인만은 아니다. 비싼 외제 차를 끌고 다니는 젊은이들을 보면 사람들은 뒤에서 속닥거린다. 저렇게 비싼 자동차를 끌고 다닐 주제가 되냐, 졸부의 자식 아니냐, 젊은 사람이 너무 허세에 찌든 건 아니냐 등등. 오래된 소형차를 타고 다니면 또 뒤에서 한마디씩 한다. 저런 차를 어떻게 끌고 다니냐, 창피한 줄도 모르냐, 저따위 차를 타고 다니느니 차라리 버스를 타는 편이 낫겠다고들 말이다.

이래도 씹히고 저래도 씹히는 세상. 어느 장단에 맞춰 춤을 춰야 할지 가끔 헷갈린다.

깃털 같은 한마디가 남기는 상처

얼마 전 식당에서 저녁을 먹을 때였다. 옆자리에 회사원으로 보이는 남자 네 명이 앉았는데, 바로 옆이기도 했지만 한 남자가 워낙 큰 소리로 말하는 덕분에 자의 반 타의 반(?)으로 이야기를 엿듣게 되었다. 그동안 맺힌 게 많았는지 그 남자는 밥은 먹는 둥 마는 둥 하며 그 자리에 없는 다른 직원을 질겅질겅 씹어 댔다. 다른 사람들의 반응은 뜨뜻미지근했지만 그 남자는 전혀 아랑곳하지 않고 혼자 열을 올리며 계속 이야기를 했다.

그러다가 그중 한 명이 오늘 집에 일이 있어서 먼저 들어가 보겠다며 자리를 떠났다. 그러자 동료가 나가기가 무섭게 그 남자는 새로운 이야기를 시작했다.

"사실 재가 없어서 말인데……."

세상에는 씹고 싶은 사람들이 참 많다. 나하고 코드가 맞지 않는 동료들, 번번이 윽박지르며 일을 던져 주는 상사들, 동창회에 나가면 자기 자랑만 하며 허세의 늪에서 빠져나오지 못하는 친구들. 이런 사람들을 비공식적인 자리에서 씹노라면 엔도르핀이 마구 치솟는 느낌이고 눈동자도 땡글땡글, 생기발랄하게 반짝인다. 누군가를 씹고 또 누군가에게 씹히는 것이 어쩌면 아침 먹고 점심 먹고 저녁 먹는 것처럼 아주 자연스러운 우리의 일상일지도 모른다. 어떤 사람은 남을 씹는 것이 건설적인 오락이라고 말한다. 돈도 전혀 들이지 않고 즐거움을 느낄 수 있다는 것이다.

이 사람 저 사람을 씹어 대는 그 남자를 보니 문득 어디서 본 문구가 떠올랐다.

"남을 씹는 사람은 능력 없는 사람이고, 뭔가 하는 사람은 능력 있는 사람이다."

생산적인 뭔가를 하기보다는 남이나 씹으며 시간을 축내는 능력 없는 인간의 한 단면을 보는 것 같았다. 그러자 누군가를 씹는 나도 그렇게 보일지 모르겠다는 생각이 들었고, 나의 지난 행동들이 부끄럽게 느껴졌다.

심심풀이 땅콩처럼 누구를 씹는 행동, 깃털 같은 한마디가 그 사람에게는 상처가 된다. 또한 그러는 내 모습은 남들이 나를 과소평가하게 만드는 것 같다. 그래서 지금 나는 누구를 씹는다는 것이 조금은 두렵다.

빠순이

나는 한 번이라도 뜨거웠을까

어원

'오빠'와 '순이'의 합성어. 모든 일을 제쳐 두고 운동선수나 연예인 등을 쫓아다니며 응원하는 여성들. '빠돌이'도 '빠순이'와 비슷한 형태로 파생되었다고 본다.

돈 주며 하라고 해도 못해

누구나 한 번쯤 연예인을 좋아해 본 경험이 있을 것이다. 나도 아주 잠깐, 한 연예인을 향한 나의 애정을 행동으로 보여 준 적이 있으니 그것은 고등학교 1학년 때였다. 공개 방송을 직접 보고자 새벽 여섯 시에 도서관 가는 것처럼 하고 나온 적도 있다. 평소에는 상상도 할 수 없는 행동이었지만 왠지 용기가 생겼다. 순수한 팬심을 넘어서면 이렇게 눈앞에 아무것도 안 보이고 단호하게 행동하는 용기가 생긴다. 물론 그날 진짜 '빠순이'들에게 밟혀 응급실에 갈 뻔한 이후로 '빠순이'는 아무나 하는 것이 아니라는 사실을 깨닫고 일상으로 돌아갔다. 그리고 그 뒤로 다시는 그런 도전은 하지 않았다.

아직도 열정적이고 뜨겁다는 증거

연말이 되면 새해를 앞두고 예쁜 다이어리를 산다. 새 다이어리에 일상을 정리하면 다음 해의 모든 일이 내가 계획한 대로 척척 이뤄질 것만 같은 기분이 든다. 소비자들의 이런 마음을 읽은 것일까? 다이어리를 사는 대신에 커피를 마시면서 스티커를 모으면 다이어리를 주는 카페가 하나둘 생겨났다. 사실 말만 공짜지, 그 공짜 다이어리를 받으려면 12월 한 달 동안 마셔야 하는 커피가 크리스마스 음료를 포함해서 열일곱 잔이다. 금액으로 따지자면 약 8만 원에 육박한다. 12월 한 달간은 심장이 터질 듯한 두근거림을 느껴야 그 다이어리를 손에 넣을 수 있다. 공짜 다이어리 얻기 참 힘들다.

뉴스에서는 커피를 마시고 다이어리를 얻는 것이 아니라 다이어리를 얻기 위해 커피를 마시는, 기이한 주객전도 현상을 보도하기도 했다. 실제로 인터넷상에서는 이 카페에서 얻은 스티커를 돈 받고 파는 이상한 거래가 이루어지고 있었다. 한편에서는 개인 블로그에 어렵사리 얻은 다이어리 자랑샷이 하나둘 올라왔고, 다른 한편에서는 '별다방 빠순이들' '허세녀들'이라고 비난하기도 했다.

처음에는 나도 종이 질이 좋은 것도 아니고 들고 다니기 편한 것도 아닌데, 그저 남에게 보여 주기 위한 특정 상표 다이어리에 목매는 사람들의 모습이 조금은 허세처럼 느껴졌다. 그렇지만 뭔가에 몰두하는 행위가 여전히 열정적인 증거라고 생각하니 그 별다방 빠순이들이 부러웠다.

가끔은 빠순이가 되고 싶다

나이 먹으면서 무언가에 흥미를 잃어 가고 있다. 몸은 어른이 되었는데 어린아이처럼 겁이 많아지고, 새로운 것을 시도할 만한 조건이 갖춰졌는데도 시도할 용기나 열정이 점점 사라진다. 현실에 만족하면서 살 수 있다면 피곤하게 이것저것 하며 분주하게 사는 것보다 지금 이대로가 훨씬 좋다.

얼마 전, 오랜만에 지난 사진을 정리했다. 사진 속 나는 자그마한 일에도 즐거워하고, 많은 사람들과 만나 부대끼며 사람들과 함께 무언가를 열심히 즐겁게 하는 것에 의미를 부여하는 사람이었다. 무슨 일이든 주도적으로 하려고 애쓰고, 나름의 목표 의식이 있던 시절이 있었다. 그런데 어느 순간 현실에 안주하고 싶어 너무 일찍 많은 것을 포기하고, 많은 시간을 열정을 버리고 살았던 것은 아닌가 싶어 부끄러운 마음이 든다.

가끔은 '빠순이'가 되고 싶다. 하루하루를 무던하게 살아가는데 의미를 두기보다는 무슨 일을 하건 열정적으로 하고 싶다. 다른 사람이 나를 어떻게 생각하는지, 다른 사람이 나를 어떻게 바라보는지는 신경 끄고, 내가 생각하고 느끼는 대로 살아가고 싶다. 그래서 가끔은 아무 눈치도 보지 않고 용기 내어 자기가 원하는 바를 성취해 내는 빠순이들의 젊음과 열정이 부럽다.

대체어

마니아

한 군데에 빠져 열정이 넘치는 그녀 또는 그들의 모습을 생각하며 '마니아'로 바꾸어 표현하면 어떨까? '마니아'는 어떤 한 가지 일에 몹시 열중하는 사람을 가리키는 말로, 누군가에게 열중한다는 점에서 일맥상통한다. 빠순이·빠돌이를 '마니아'라고 일컬음으로써 그들에게 팬심 이상의 지나친 관심이나 행동은 마니아에 걸맞지 않는다는 인식을 심어 줄 수 있을 것 같다.

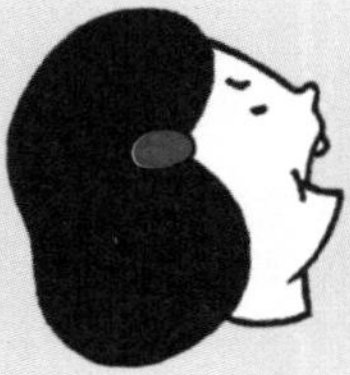

찐따

자존심 때문에 우리는 멀쩡한 사람을 이렇게 만든다

어원

덜떨어진 사람을 대상으로 쓰는 말. 본래는 '다리에 장애가 있어 온전치 못한 사람'이라는 뜻이다. 한국 전쟁이 끝난 뒤 지뢰를 밟고 다리가 잘린 사람이 많았는데, 멍청하게 지뢰나 밟았다는 의미로 '찐따'라는 말을 쓰기 시작했다.

'찐따'의 정확한 의미를 알아볼 기회가 별로 없다. 우스갯소리로 뭔가 덜떨어진 사람을 지칭할 때 쓰기도 하고, 악의 없이 친근함을 표현할 때 쓰기도 하고, 소개팅 다녀와서 자존심 때문에 멀쩡한 사람을 격하게 폄하할 때 쓰기도 한다. 말의 주인인 우리가 우리의 언어를 제대로 사용할 때 우리 자신도, 말도 더 빛나지 않을까?

쌍년

누군가의 쌍년으로
기억되는 쪽이 더 낫다

어원

'상년'은 예전에 신분이 낮은 여자를 낮잡아 이르던 말인데, '별 볼 일 없다' '천박하다' '무례하다'는 뜻으로 쓰이면서 어감이 강해져 '쌍'이 되었다. 현대에는 예의범절을 모르고 몸가짐이 헤픈 여자를 뜻하는 말로 쓰며, '썅'으로 발음하기도 한다.

나도 누군가의 썅년이었을까?

영화 〈건축학 개론〉의 인기에 힘입어 음지에 묻혀 있던 '썅년'이라는 단어가 첫사랑을 떠올리는 아이콘이 되었다. 순수했던 시절, 좋아한다는 이유 하나만으로 여자에게 모든 것을 다 바친 순정남의 말로는 배신당했다고 생각했던 그녀에게 이별을 고하고 한참 시간이 흐른 후에 "내 첫사랑은 썅년이었어!"라는 말로 그녀를 회상하는 것이었다.

화장대를 뒤적거리다가 우연히 구석에 있는 전자 손난로를 보았다. 몹시 추운 어느 날 내게 그 전자 손난로를 내밀던 그 사람이 떠올랐다. 평소 나에게 관심을 쏟으며 아주 작은 일까지 배려해 준 그 사람. 결정적인 고백이 없어도 여자는 귀신같이 안다. 이 사람이 나를 좋아하고 있구나 하는 것쯤은.

내가 그를 좋아하는 마음은 없었지만 그가 베푸는 호의는 계속 받고 싶었던 나는 어설픈 행동으로 그를 헷갈리게 했고, 아주 결정적인 순간에 헤어짐의 가장 진부한 표현인 "부담스럽다"는 한마디를 그 사람에게 전했다. 처음이라 사랑에 서툴렀던 그 사람은 문자 메시지와 이메일을 보내며 다시 한 번만 생각해 달라고 했지만 내 마음은 이미 돌아선 상태였다. 아마 그때 그 사람은 그렇게 한참 애태우다 속으로 '나쁜 년, 잘 먹고 잘 살아라!' 하며 돌아섰을 것이다. 그 손난로를 한참 바라보고 있노라니 갑자기 이런 생각이 들었다. 그때 나는 그에게 쌍년이었겠구나.

내가 늘 쌍년만 했던 것은 아니다. 나에게도 기억나는 쌍놈이 있다. 내 순수한 마음을 무시하고 배려라고는 눈곱만큼도 없고 양다리 걸치던 이기적인 쌍놈. 그런데 곰곰이 생각해 보면 결국 상대에 따라 변하는 게 사랑이니, 애먼 쌍놈과 쌍년을 탓할 필요가 없다. 그저 사랑하다 보면 일어나는 감정의 충돌, 관점의 차이쯤이라고 가볍게 받아들이면 된다.

이렇게 누군가에게 상처를 주고 인생에 쌍년으로 기억되는 것도 슬프지만, 언제가 나를 좋아했던 사람이 지금 내가 지구상에 존재하는지 아닌지, 나의 존재 유무조차 궁금해하지 않는다면 더 슬플 것 같다. 어쩌면 누군가의 쌍놈 쌍년으로 기억되는 편이 차라리 덜 슬플지도 모른다.

사람들이 쌍욕라떼에 열광하는 이유

커피 전문점이 우후죽순으로 생겨나면서 이제 평범한 콘셉트

로는 살아남을 수 없다. 다른 곳과 뚜렷이 구분되는 강력한 한 방의 생존 전략이 필요하다. 그래서인지 요즘은 드립 커피를 마시면 아메리카노를 무한 리필 해 주는 카페, 커피를 마시면 마카롱을 무료로 주는 카페 등 다양한 마케팅을 펼치는 가게가 늘고 있다. 그런데 '불황? 생존 경쟁? 나는 그런 거 몰라!' 하며 순진한 포스를 물씬 풍기면서 떠오르는 곳이 있단다. 바로 '쌍욕라떼'를 파는 통영의 한 카페다.

겉으로는 별다를 것 없어 보이는 평화로운 카페. 그런데 다른 곳에서는 듣도 보도 못한 메뉴가 있다고 한다. 바로 쌍욕라떼. 캐러멜라떼, 바닐라라떼 등 다양한 종류를 들어 봤지만 이런 라떼는 처음이고 충격이다. 라떼 안에 쌍욕이 있는 건가? 라떼를 마시면서 쌍욕을 듣는 건가? 별별 추측이 머릿속을 둥둥 떠다니며 호기심을 자극하는데, 마침 그곳에 다녀온 사람들의 황당한 후기를 보게 되었다.

그 카페에서 쌍욕라떼를 주문하면 바리스타가 커피를 내리고 우유 거품을 살포시 얹은 다음 그날그날 마음 내키는 대로 문구를 써 준다는 것이다. 가장 인기 좋은 문구가 '쌍년'인데, 욕쟁이 할머니들이 자주 애용하는 이 '쌍년'은 많은 사람들이 가장 구수하면서도 욕다운 욕으로 여긴다고 한다. 물론 손님이 원하는 문구를 써 주기도 한다는데, 평소에는 전혀 쓰지 않지만 맨날 나를 갈구는 상사를 생각하며 용기 내어 이렇게 말해 보고 싶은 생각이 든다.

"개자식이라고 써 주세요!"

"자, 커피 나왔습니다"라는 말과 함께 내 앞에 놓인 이 커피잔에 버젓이 '썅년' 또는 '개자식'이라고 장식된 쌍욕라떼를 마시면 어떤 기분일까? 왜 사람들은 하트나 동물 얼굴 같은 예쁜 라떼보다도 이런 낯 뜨거운 문구가 적혀 있는 쌍욕라떼에 더 열광하는 걸까?

쌍욕라떼를 향한 사람들의 관심은 어쩌면 일상 속에서 잠재된 불만이나 분노를 분출하고 싶었던 욕구를 드러내 주는 것은 아닐까? 다른 사람의 이목 때문에 절제해야만 했던 감정을 아주 자연스럽게 그대로 드러낼 수 있는 '쌍욕라떼'는 어쩌면 욕을 하고 싶은 내적 요구에서 나온 상품이 아닐까 싶다.

양아치

품위가 떨어진다

어원

쪽박을 들고 음식 구걸하는 걸인들을 멸시의 뜻을 담아 '동냥아치'라고 했는데 이 동냥아치를 줄인 말이다. 제대로 일하지 않고 빈둥거리는 사람들을 비하하기도 하고, 노력도 하지 않고 어떤 대가를 바라는 사람 또는 품행이 천박하고 못된 짓을 일삼는 사람을 속되게 이르는 말이다.

분수를 알았고 예의가 있었다

옛날에 동냥아치가 걸식을 할 때는 그들 나름의 명분과 도리가 있었다고 한다. 쪽박의 크기가 한 끼 이상인 것은 절대 가지고 다니지 않았는데, 이것은 자신의 분수를 알고 주는 사람에게 예의를 갖추는 것이었다. 주는 사람도 그 쪽박에 넘치지도 모자라지도 않게 음식을 담아 주었다. 동냥을 하는 처지에서 봤을 때 음식을 쪽박에 넘치게 주면 '누굴 거지로 아나?' 이렇게 생각하며 양아치의 자존심이 상할 수 있고, 모자라게 주면 '먹을 것 가지고 장난치나?' 이렇게 생각하며 기분이 나쁠 수 있으니 걸인을 배려하는 의미에서 적당하게 준 것이다. 이처럼 사회의 가장 밑바닥에서 걸식하는 사람도 자기 분수를 알았고, 그들에게 음식을 나누어 주는 사람도 동냥하는 사람을 배려하는 마음이 있었다.

노력은 하지 않으면서 얻으려고만 한다면

건달이 사업가라면 양아치는 백수고, 조폭이 프로라면 양아치는 아마추어다. 건달이 대의를 위해 사업을 확장하고자 머리를 쓰고, 조폭이 자기 구역을 지키기 위해 싸움을 하며 몸을 쓸 때, 양아치들은 담배값이나 술값을 위해 '삥'을 뜯는다. 아무 노력도 하지 않고 즉각적인 욕망을 충족하느라 급급해서 공짜로 뭔가를 얻으려 하는 인간 군상. 우리는 그들을 양아치라고 부른다.

양아치는 다른 비슷한 무리들에 견주어 품위가 떨어진다. 건달은 과거에 의협·협객·무사·유협이라 불렸으며, 그들에게는 나름의 규율이 있었다. 그래서 약한 자를 대변하여 영웅처럼 대접받기도 했다. 그러나 양아치는 사회가 정해 놓은 예의와 규범을 지키지 않는 것으로 유명하다. 조폭은 과묵하고 딱 필요한 말만 하는 반면, 양아치는 쓸데없는 말을 자꾸 수다스러워 보인다. 그러니 사람이 가볍고 품위가 떨어져 보인다.

욕심만 많고 노력은 하지 않으면서 얻으려고만 한다면 양아치와 뭐가 다를까? 동네에서 지나가는 학생들에게 '삥'을 뜯는 양아치나 노력하지도 않으면서 번듯한 미래를 거저 얻으려 하는 사람들이나 품위 떨어지긴 마찬가지다. 안에서 새는 바가지 밖에서도 새고, 한번 양아치는 영원히 양아치 범주를 벗어나지 못한다. 세상에 공짜는 없다. 노력하지 않고 바라면 안 된다. 그건 양아치나 하는 짓이다.

양의 탈을 쓴 어른 양아치가 더 많은 사회

양아치 하면 뒷골목에서 담배를 물고 바닥에 침을 찍찍 뱉거나, 지나가는 학생들을 붙잡아 푼돈을 뺏거나, 교실에서 항상 맨 뒷자리를 차지해 놓고 선생님에게 대들거나 반항하는 탈선 청소년을 떠올리게 된다. 그런데 사실 그런 학생들은 한 반에 한두 명 정도로, 생각보다 그리 많지 않다.

하지만 어른들을 한번 보자. 남의 것을 탐내고 잔머리 굴려서 빼앗으려는 부류들. 노력도 하지 않으면서 공짜로 얻으려 하는 어른들을 주변에서 쉽게 볼 수 있다. 그러니 겉으로 비뚤어져 보이는 탈선 청소년들이 양아치라는 고정관념을 깨야 한다. 청소년들의 경우는 한때의 일탈일 수 있지만, 몸과 머리가 다 자란 어른들의 양아치 기질은 변화를 기대하기 힘들다. 양의 탈을 쓴 어른 양아치가 더 많은 사회. 슬프지만 그것이 바로 우리 사회다.

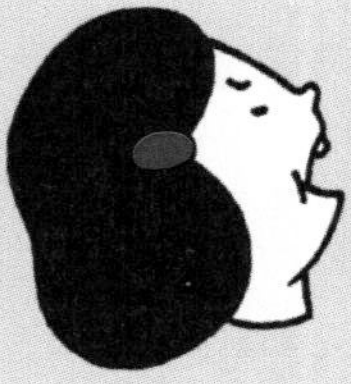

쪽발이

지나친 애국심이 낳은 말

어원

일본인들이 엄지발가락과 나머지 발가락을 가르는 게다를 신는데, 이 모습을 '두 쪽으로 나누어진 짐승의 발'이라는 의미를 가진 '쪽발'에 사람을 나타내는 의존명사 '이'를 붙여 일본인을 비하할 때 쓰는 말이다.

이탈리아의 밀라노를 출발해 스위스 인터라켄으로
가는 기차 안에서 샌드위치를 먹었다.
다 먹은 뒤 쓰레기를 버릴 만한 곳이 없어서
좌석 옆에 난 좁은 틈에 쑤셔 넣었다.
잠을 청하려는데, 맞은편 자리에서
외국인 학생들이 웅성거리는 소리가 들렸다.
"스미마센(미안해요)." 위기를 모면하려고 둘러댄
나에게 누군가 말을 걸었다.
"아나따와 니혼진데스까?(당신, 일본인이에요?)"

시다바리

약자에게 들러붙어서 약자를 더욱 비참하게 만든다

어원

❶ 일본어 '시타(した, 아래)' + 제주도 사투리로 사람을 뜻하는 순우리말 '바리'에서 비롯된 말. 지위가 낮은 아랫사람을 일컫는다. 일본어 '고붕(こぶん=꼬붕)'이라는 단어와 비슷하다.

❷ 일본어 시타바타라키(したばたらき, 부하)에서 어원을 추측하기도 한다. 남의 부하로 일하거나 그런 사람, 부엌일·허드렛일을 하는 사람을 의미하는 시타바타라키를 줄인 시타(した)에 '바리'가 붙여졌다는 설도 있다.

내가 어릴 때 동네 골목길 전봇대와 주택가 벽에서 '시다 구함'이라고 적힌 하얀 종이를 쉽게 볼 수 있었다. 아주 어릴 때라 '소다'랑 생김새도 비슷하고 발음도 비슷해 처음에는 소다와 같은 의미인 줄 알았다. 그러다 엄마에게 물어보고는 공장에서 허드렛일하는 사람을 부르는 말이라는 것을 알았다. 그냥 공장에서 일하는 사람이라고 하면 될 것을 왜 굳이 시다라고 하는지 이해할 수 없었지만, 어른들이 하는 대로 나도 공장에서 실밥을 떼거나 뒷정리하는 사람을 시다라고 한 것 같다.

그런 탓인지 나는 공장에서 시다로 일하는 사람에 대한 편견이 생기고 나도 모르게 직업에 귀천이 있다는 생각을 했다. 공장에서 일하는 똑같은 노동자인데도 허드렛일·잡일을 하는 사람은 따로 시다라고 부른다고 하니 왠지 다른 대우를 해야 할 사람처럼 느껴졌기 때문이다.

다시 시다라는 말을 직접 들은 것은 영화 〈친구〉에서였다. 20여 년의 세월을 함께해 온 네 친구가 결국 서로 다른 운명의 길을 걷게 된다는 내용의 그 영화에서 늘 유오성에게 가려 2인자에 머물렀던 장동건은 어느 날 유오성에게 도전하는 눈빛으로 이렇게 말한다.

"내가 니 시다바리가!"

걸쭉하면서도 도전적인 이 대사는 특히 학생들 사이에 유행처럼 번졌다. 순진하고 착하고 동등한 것처럼 보였던 학생들 사이에는 건달들처럼 보스와 시다바리가 존재하기 시작했다. 바로 그것은 학교에 또 다른 갈등을 불러일으키기 시작했다.

건달들 사이에서 쓰는 '시다바리'가 학교에 유행처럼 번지자 왠지 학교 현장에 진짜 '시다바리'가 존재해야 할 것만 같은 현상. 우리가 무심결에 내뱉는 단어들이 현재의 차별이나 학교 폭력이라는 상황을 만들어 낸 것은 아닐까? 이런 생각이 들자 그 말을 아무렇지 않게 써 온 나는 왠지 죄책감이 들기도 한다.

인턴이라 쓰고 시다바리라 읽는다

예전에 신문에서 정말 마음을 내리찧는 기사를 읽은 적이 있다. '인턴이라 쓰고 시다바리라 읽는다'는 제목의 기사로, 대학교 교수들이 석·박사 과정을 밟는 조교들을 개인 비서처럼 부린다는 내용이었다. 석·박사 과정을 밟는 학생들은 지도 교수의 강의 준비부터 커피 심부름, 개인 경조사 관련 심부름까지 무보수로 하는 경우가 많은데, 교수에게 잘 보여야 취업도 쉽고 논문도 힘들지 않게 통과될 수 있다는 이유에서였다. 어느 정도 희생과 봉사를 해야 그나마 편하게 석·박사가 된다는 말이었다. 마음속에 불만은 있었지만 무언의 압박이 존재하기에 어느 누구도 선뜻 따져 묻지 못했다. 그저 남들 하는 것처럼 교수의 시다바리가 되어야 한다고 믿는 듯했다.

대학교에서만 일어나는 횡포가 아니다. 일반 사기업에서도 인턴을 뽑아 온갖 잔심부름을 시킨다. 말이 인턴이지, 그들이 할 수 있는 일이라곤 커피 심부름, 복사, 타이핑 정도다. 회사 처지에서 볼 때 인턴을 따로 교육하려면 비용이 만만치 않게 드는데, 채용 여부가 확실치도 않은 인턴 사원에게 그렇게 투자할 만한 가치가 있다고 생각하지 않는다. 그러니 이런저런 잡일을 시키는 것이 더 빠르고 쉽다. 인턴 사원들이 받는 월급은 고작 교통비 정도. 그러나 경력과 스펙이 중요한 처지에서는 이런 일도 울며 겨자 먹기로 해야 한다. 약자들에게만 들러붙어서 약자를 더욱 처절하고 비참하게 만드는 단어 '시다바리'. 우리는 언제쯤 약자들을 더 희망적인 단어로 부르게 될까?

싸가지

개성과 싸가지는 한 끗 차이

어원

'싹'과 '아지(새끼나 작은 것을 가리키는 접미사)'가 합쳐진 말. 싹이 막 나오기 시작하는 상태인 '싹수'를 뜻한다. '싹수'는 어떤 일이나 사람이 앞으로 잘될 것 같은 낌새 또는 징조를 가리키는 긍정적인 단어다. 그런데 '싹수'의 방언인 '싸가지'가 '싸가지 없다'는 표현으로 자주 쓰이면서 지금처럼 부정적인 의미를 띠게 되었다.

저출산과 맞벌이가 싸가지를 낳는다

식당에 가면 시끄럽게 소리 지르며 뛰어다니는 아이들이 있다. 정신 사나워서 도저히 식사할 수 없는 지경에 이르는데도 부모라는 사람들은 아이들을 저지하지 않는다. 참다못한 어르신들이 공공 장소에서 뛰어다니면 안 된다고 꾸짖어도 아이들은 들은 척도 하지 않으며, 부모라는 사람들은 그제야 대뜸 나타나 왜 우리 귀한 자식한테 뭐라고 하느냐며 되레 화를 낸다. 이런 모습을 보면 싸가지도 유전인가 싶은 생각까지 든다.

그런데 이렇게 아이들의 싸가지를 방치하는 데는 이유가 있다. 바로 저출산과 맞벌이 때문이다. 옛날에는 그야말로 계획 없이 대가족이었다. 아이들이 네다섯 명은 기본. 부모 손이 덜 가도 큰애가 작은애를 돌보면서 저희끼리 잘 놀았다. 그런데 요즘은 한 가정에서 아이를 많이 낳아 봤자 두세 명, 대부분 한두 명 정도 낳고 핵가족으로 살아간다. 또한 여성들은 가정뿐 아니라 개인의 자아실현을 중요하게 여겨 맞벌이로 일하는 부부가 많아졌다.

아이들은 어린이집이나 유치원에 가 있는 시간이 많고, 집에서도 혼자 보내는 시간이 많아졌다. 그래서 부모는 아이들이

버릇없이 굴어도 미안한 마음에 자꾸 받아 주고, 그러다 보니 아이들은 싸가지 없는 행동을 해도 괜찮다고 여기게 된다.

자녀들과 많은 시간을 함께해 주지 못하는 부모의 미안한 마음 때문에 자꾸 미뤄 온 아이들 인성 교육이 우리 사회에 싸가지 없는 사람들을 양산해 내는 것은 아닐까?

싸가지가 바가지가 되는 개성

내가 고등학교에 다닐 때 선생님은 정말 무서운 존재였다. 학교 규율이 엄격해서 교복을 몸에 꼭 맞게 입을 수 없었고, 머리 길이는 귀밑 3센티미터로 제한하고, 가방은 검은색이나 남색, 운동화는 흰색만 가능했다. 그 와중에 멋을 부려 보겠다고 엄마를 졸라 그 무렵 유행하던 메이커의 흰색 운동화를 샀는데, 빨간색과 남색으로 칠해진 그 마크를 보고 학생부 선생님이 나를 조용히 부르더니 그 마크를 수정액으로 칠해 오라는 엄명을 내렸다. 개성의 자유를 존중받기 원했지만 그것이 학교의 규율이었고, 학교의 구성원인 이상 나는 그 규율을 따라야 한다고 생각했다. 학교라는 작은 사회 안에서 지켜야 할 약속

이기 때문이다.

그러나 요즘 학생들은 개인의 자유와 개성을 따지며 학교 규율을 거부한다. 머리를 단정히 하라는 선생님에게 "왜요?", 교복을 단정히 입고 다니라는 말에 "개성인데요?" 하고 따져 묻는다.

개성과 싸가지. 어떤 면에서는 이 두 가지가 비슷해 보이지만, 개성과 싸가지는 분명한 차이가 있다. 개성은 다른 사람과 나를 구별 짓는 고유한 특성이다. 그러니 똥꼬를 잡아먹다시피 교복 바지를 줄여 입는 것도, 곧 터질 시한폭탄 같은 머리 스타일로 다니는 것도, 자기가 하고 싶은 말은 상대를 가리지 않고 하는 것도 남들과 다른 고유한 나를 보여 주는 것이라고 생각할 수 있다.

그런데 이런 행동이 주변 사람들에게 불편함을 주고 불쾌감을 느끼게 한다면? 개성이라는 번지르르한 이름으로 예의라는 덕목을 무시하면 그것이 바로 싸가지가 바가지가 되는 것이다. 한마디로 예의를 갖춘 것은 개성이요, 예의가 없는 개성 나부랭이는 싸가지 없는 행동이다.

싸가지 결핍증

옛날에는 먹고살기 바빠 우울증에 걸릴 틈도 없었다. 우울증은 마음먹기에 달린 질병이므로 정신과적인 치료를 받아야 한다고 생각하지 않았다. 그런데 요즘은 사회적으로 크게 문제 되는 질병이 우울증이다. 겉으로 잘 드러나지 않기 때문에 진단하기 어렵고 사람들의 보살핌을 받기 힘들다. 정신과 질환을 대하는 부정적인 시선 때문에 거리낌 없이 치료받기도 힘들다.

우울증이 이렇게 어느덧 치료하기 힘든 질병으로 자리매김한 것처럼 미래에는 싸가지 결핍증이라는 병이 생기는 게 아닐까? 싸가지가 없는 탓에 아무에게나 반말하고 예의는 눈 씻고 찾아봐도 없고, 이 때문에 주변 사람들에게 손가락질 받고 사회에 제대로 적응하지 못하면서 생기는 정신적인 질환. 지금처럼 아이들의 싸가지를 방치하면 그 아이들이 어른이 되어 사회생활을 할 때 싸가지 결핍증에 걸릴지 모른다. 그래서 헌혈 대신 '헌싸'를 받아야 할지도 모르는 일이다.

어떤 이는 싸가지 없다는 말이 약자를 억누르기 위한 언어이며, 개인의 개성과 고유성을 사회 전체와 우리라는 명분 앞에 포기하게끔 종용하는 명령어이기 때문에 사용하지 말아야 한다고 주장한다. 그러나 예의를 상실한 싸가지는 대한민국에서 개성을 위한, 자기완성을 위한 높은 덕목이 되기 힘들다. 물론 싸가지 없다는 말이 좋은 뜻도 아닌데 사람들이 아무 때나 사용하면서 대수롭지 않게 여기는 것 같기는 하다. 그렇지만 싸가지 없다는 말을 써야 한다 말아야 한다 하기 이전에 개성으로 포장된 우리네 싸가지에 예의부터 보충해야 하지 않을까 싶다.

싸가지가 넘치면 싸가지 없다는 말은 아주 자연스럽게 도태될 테니까.

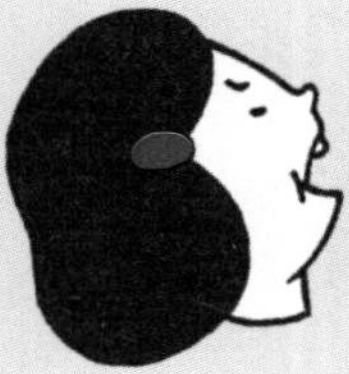

얼간이

세상의 잣대를 등지고 자신의 길을 가는 사람

어원

❶ 제대로 절이지 못하고 대충 간을 맞춘 것처럼 약간 모자라다.

❷ 정신 나간 모습이 얼이 나간 모습과 비슷하다.

약간 모자란 것처럼 보인다. 누구나 다 할 수 있는 평범한 사고는 거부한다. 그들에게 적당한 수준의 타협이란 없다. 혹시 우리는 무모해 보이는 일에 감히 도전하는 용기가 있는 사람들을 '얼간이'라고 부르는 것은 아닐까? 그들의 곧은 심지, 그들의 무모한 용기가 가끔은 부러워 그렇게라도 그들을 폄하하고 싶었던 것은 아닐까?

쥐뿔도 모르는 게 좋을 때다

어원

쥐뿔은 '쥐의 불알'을 일컫는 '쥐불'이 변형된 형태다. 인간의 몸집에 견주면 쥐는 한 주먹도 안 되니 쥐의 성기는 더 작을 터. '쥐뿔'은 보잘것없거나 하찮은 것, 아주 작은 것을 뜻한다고 볼 수 있다. '쥐뿔도 모른다'는 말은 앞뒤 분간 못할 정도로 아무것도 모르면서 천방지축 날뛰는 것을 가리킨다.

쥐뿔도 없어도 젊음이 경쟁력이다

우리 사회에서 여자에게 나이는 소개팅이나 선보는 자리에서 아주 중요한 스펙 가운데 하나다. 아무리 예쁘고 능력이 뛰어나도 나이가 많다고 하면 남자는 고개를 가로젓는다. 남자들은 종족을 번식해서 후손을 남기려는 본능이 여자보다 강하다고 한다. 그래서인지 젊은 여자들이 자신의 그런 본능을 모두 충족해주리라 믿고 조금이라도 더 젊은 여자를 만나려고 애쓴다. 그러니 선보는 자리나 소개팅에서 여자로서의 매력을 맘껏 뿜어내며 남자들에게 좀 더 경쟁력 있게 다가가려면 한 살이라도 어릴 때 연애를 시작해야 한다.

많은 사람들이 살도 좀 빼고, 좀 더 예뻐지고, 더욱 완벽해졌을 때 연애를 하려고 한다. 그러나 완벽한 사람은 없다. 빈틈은 누구에게나 있고, 그 빈틈을 채웠다고 느낄 때는 또 다른 부족함을 느낀다. 이런 부족한 점을 다 채우고 연애를 한다고? 절대 못한다. 하고 싶어도 그때쯤이면 내가 찜해 두었던 괜찮은 사람들은 벌써 품절남, 품절녀가 되어 있을지 모른다. 그러니 내가 완벽해져서 더 완벽한 상대를 만나려는 욕심을 버려야 한다.

그렇다면 어떻게 해야 하나? 내가 완벽하지 않더라도 내 가치를 높게 평가해 주는 사람을 만나야 한다. 콩깍지가 끼어서, 사실이든 아니든 상관없이 세상에서 내가 가장 아름답다고 평가해 주는 그런 사람을 만나야 한다.

그런데 이 콩깍지가 아무 때나 끼는 게 아니다. 아직 때 묻지 않은 20대에나 가능하다는 것이 함정이다. 사회생활을 하다 보면 주변 사람들의 이해타산적인 이야기에 휘둘려 상대방을 보는 시선이 혼탁해지게 마련이다. 그러니 사회생활을 하면서 사람을 보는 마음에 때가 묻기 전에, 재고 따지는 것 따위는 쥐뿔도 몰라서 그냥 나를 예쁘다 생각하며 콩깍지가 끼어 있는 사람을 만나는 것이 중요하다.

쥐뿔도 모를 때가 행복하다

어린 나이에 결혼한 친구들은 대체로 행복해 보인다. 누구와 비교할 것이 없기 때문에 자신의 삶에 만족하며 살 수 있다. 이와 반대로 늦은 나이에 결혼하려다 보면 걸리는 점이 많다. 주변에서는 시댁이 멀어야 한다, 부모의 재력이 중요하다, 누나들이 많으면 힘들다, 가족 관계를 잘 봐야 한다는 등 많은 이야기가 귀를 어지럽힌다. 경험한 사람들의 말을 무시할 수 없는 노릇인지라, 주변과 비교해 하나라도 부족하지 않게 완벽한 결혼에 골인하려고 한다.

그런데 사람이 이렇게 하나하나 남과 비교하다 보면 불만이 생기기 마련이다. 다 좋은데 누나가 셋이다. 어쩔 수 없다 생각하면 괜찮을 텐데, 형제자매 하나 없는 외아들과 결혼한 친구들과 비교하면 왠지 누나가 있는 것도 불만이다. 도대체 어쩌라는 건가. 다시 태어나기라도 해야 하나? 다 좋은데 시댁이 겨우 10분 거리다. 근데 친구 시댁은 일본이란다. 명절에 일본 여행 간다고 들뜨는 친구를 보면 갑자기 한숨이 나온다. 그렇다고 시부모님에게 일본으로 이민 가라고 할 수도 없는 노릇 아닌가? 어차피 답이 나오지 않을 문제에 끙끙거리며 불만을 끌어낼 필요가 없다. 그냥 그런가 보다, 하며 살아야 정신 건강에도 좋은 법이다.

동창회다 뭐다 온갖 모임이 비교지옥에 빠지게 해서 사람을 자꾸 황폐하게 만든다. 이럴 땐 차라리 이게 좋은지 저게 좋은지 아예 잴 수 없는 백지 상태, 쥐뿔도 모르는 상태가 나를 행복의 길로 인도하는 법이다. 그냥 이렇게 사는 건가 보다, 인정하면서 살면 남들과 비교하지 않아도 되니 행복하다. 세상 물정 모를 때, 이것저것 재지 않는 순수한 마음일 때, 쥐뿔도 모를 때가 행복한 법이다.

땜빵

주눅 들 필요 없다

어원

어떤 사유로 공석이 생길 때 그 빈자리를 메우는 사람이나 대체하는 것 자체를 '땜빵'이라고 한다. '땜빵'의 어원은 정확하게 알려지지 않았는데, 금이 가거나 뚫어진 곳을 때우는 일을 뜻하는 '땜질'에서 왔다는 주장이 가장 설득력 있다.

꼭 필요하고 소중한 일

오빠가 중학생이 되어 예쁘고 동그란 머리를 까까중처럼 빡빡 깎던 날, 나는 오빠 뒤통수에서 하얗고 작은 구멍을 발견했다. '바보 영구'의 머리에 있는 그것과 같았다. 지금과 달리 호기심이 왕성한 초등학생 때라 나는 오빠를 졸졸 쫓아다니며 그게 뭐냐고 물었다. 오빠는 끝까지 함구하며 영구 머리에 난 땜빵이 아닌 것처럼 행동했지만, 나는 그때 알아차렸다. 영구 머리에 난 구멍과 오빠 머리에 난 구멍은 크기만 다를 뿐 똑같은 '땜빵'이라는 사실을 말이다.

내가 '땜빵'이라는 말을 다시 들은 것은 처음으로 교단에 섰을 때였다. 나는 대학을 졸업한 뒤 서울의 한 고등학교에서 6개월간 비정규직 기간제 교사로 근무했다. 어느 날 수업 시간에 떠드는 학생을 혼내게 되었는데, 그 학생은 눈동자 하나 흔들리지 않고 나를 쏘아보며 이렇게 말했다.

"선생님 땜빵이잖아요. 언제까지예요?"

아이들은 키득거리며 웃었고, 순간 나는 당황해서 아무 말도 하지 못했다. 지금 그런 질문을 받았다면 엄청난 내공과 센스로 받아쳐 줬을 텐데. 사실 그때는 나 자신이 땜빵이라는 현실을 인정할 만한 마음의 준비가 덜 됐을 때였다. 참 많이 슬프고 부끄럽고 창피해서 그날은 집에 와서도 계속 멍만 때렸다. 그런데 며칠이 지나자 내 처지를 솔직하게 깨우쳐 준 그 말이 오히려 담백하게 다가왔다. 그때 '땜빵'이라고 비아냥거리던 그 말은 친구들의 충고와 엄마의 잔소리보다 더 강한 동기를 부여해 주고, 지금의 나를 있게 만들었다고 해도 과언이 아니다.

요즘도 내가 근무하는 학교의 학생들은 수업 시간에 내가 땜빵인지 아닌지 자주 물어본다. 나는 대답 대신 늘 학생들에게 말한다. '땜빵' 자체는 꼭 필요하고 소중한 일이라고. 또한 너희도 그런 과정을 겪을 수 있고, 그런 경험이 계기가 되어 더 소중한 존재로 발돋움할 수 있다고 말이다.

쫄지 마, 땜빵!

'땜빵'을 차별하고 비참하게 만드는 세상은 참 나쁘다. 언젠가는 사회에서 '땜빵'이 많이 줄어들어 지금은 '땜빵' 역할을 하는 이들의 소중한 능력이 빛을 내는 날이 왔으면 좋겠다.

많은 사람들이 땜빵이라는 위치를 부끄럽게 생각하고, 사회에서도 하찮은 존재로 여긴다. 그러나 땜빵은 사회로 진출하는 계기가 되기도 하고, 사회를 알아 가는 새로운 출발점이 될 수 있다. 그러려면 땜빵이니까 대충 해도 된다는 안일한 생각이나 책임감 없는 태도를 버려야 한다. 그리고 땜빵이 될 수 있는 자질을 갖추어야 한다. 땜빵이라고 우습게 보면 안 된다. '땜빵'은 정규직의 일을 그대로 할 수 있는 능력을 갖춘 사람이라는 것을 뜻하기 때문이다. 임시로 필요하다고 아무나 뽑히는 것이 아니라, 그 위치에 맞는 능력이 있다고 판단되는 사람들만이 땜빵으로 낙점된다.

그러니 땜빵이라고 속상해할 필요 없고, 땜빵이라고 주눅 들 이유가 없다. 단지 취업난이 심해서 조금 늦어질 뿐이라고 위로하며 하루하루 성실하게 일하다 보면, 언젠가 땜빵이었던 때를 떠올리며 '그땐 그랬지!' 기분 좋게 웃을 날이 오지 않을까?

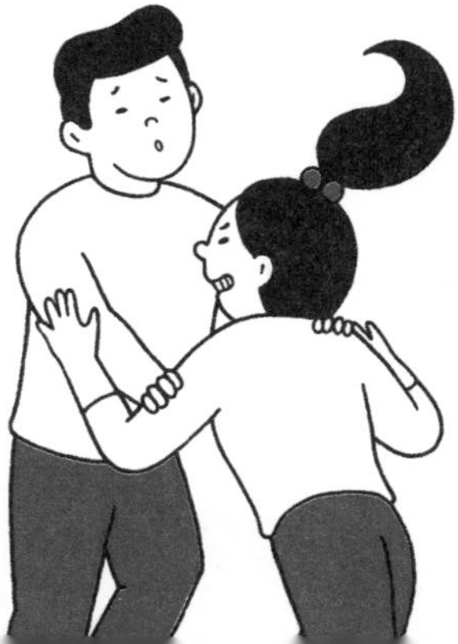

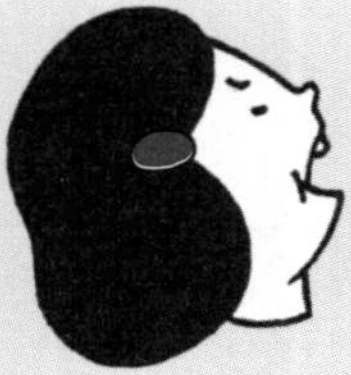

또라이

보통 사람들보다 창의적이고 개성이 강할 뿐이다

어원

❶ '돌+아이'의 합성어로 본다. 의사소통이 제대로 되지 않을 정도로 답답한 돌머리 아이를 가리킨다.

❷ 정서적으로 비정상을 뜻하는 '돌았다'는 단어가 '아이'를 꾸며 주면서 '돈아이'가 되고 이것이 도라이·돌아이·또라이가 되었다는 주장이 있다.

흘러가는 큰 강물처럼
단 하나의 굵은 생각, 즉 통념이라는 녀석이,
또 그것을 강요하는 사회 분위기가
사람들을 다른 방향으로는
생각하지 못하게 하는, 생각해서는 안 되게 하는
편협한 '돌머리'로 만드는 듯하다.

4부

과유불급,
적절하면 윤활유
과하면 정서적
환경 호르몬

지랄

누구나 할 수 있는 자연스러운 행위

어원

1690년에 발행된 〈역해유해〉에 '딜알'이라는 말이 나오는데, 바로 여기에서 파생한 말이 '지랄'이다. 의학적으로 간질과 관련된 이 증세는 대체로 눈을 허옇게 뒤집으며 입에 거품을 물고 온몸에 경련을 일으킨다. 현대에는 사리 분별 없이 날뛰는 사람의 행동을 간질병의 발작 증세에 빗대어 '지랄한다'고 말한다.

백 마디 잔소리보다 한 번의 멍석 깔기

수업할 때 필기할 내용이 있어서 칠판에 글씨를 쓰다 보면 꼭 뒤에서 시시덕거리며 장난치는 녀석들이 있다. 몸 개그를 섞어 가며 노래를 부른다든지, 개그맨 흉내를 낸다든지 하는 거다. 이런 행동을 몰래 한다면, 그래서 내 눈과 귀에 들어오지 않아 평화롭게 지나칠 수 있으면 다행인데, 이런 행동들은 보통 선생님의 레이더망에 들기 위해 일부러 하는 경우가 많으니 백발백중 눈에 띄게 마련이다. 때와 장소 구분하지 못한 채 웃고 즐기자고 하는 행동을 자유 의지를 넘어선 광기로 분류한다면 이것이 바로 '지랄'이다.

그 녀석들은 자신의 끼를 발산하겠다는 것을 빙자하여 지랄을 하는 셈인데, 아니 왜 멀쩡한 수업 시간에 꼭 그런 끼를 발산해서 수업 분위기를 망쳐 버리는지 모르겠다.

아무튼 그럴 때면 나는 멍석을 깔아 준다. 친구들 앞에서 직접 해 보라는 거다. 그러면 졸린 학생들 잠도 좀 달아나겠거니와 하고 싶은 거 해 보라고 했으니 수업 시간에 또다시 같은 행동으로 방해하는 일 없을 테고, 일석이조다. 그런데 이렇게 멍석을 깔아 주면 수줍어하며 내가 메두사라도 되는지 눈을 피한다. 그래, 내가 노린 것이 바로 이거다.

지랄은 그저 노는 것이다. 사리 분별 없이 자기가 하고 싶은 대로 즐기는 게 바로 지랄이다. 그런데 이렇게 아무한테도 간섭 받지 않고 놀고 있는데 멍석을 깔아 준다. 멍석은 옛날에 주로 곡식을 널어 말릴 때 쓰던 돗자리 같은 것으로 여기에 벼를 널기도 하고 고추 따위를 말리기도 한다. 한마디로 일하는 데 쓰는 도구인 셈이다.

이런 멍석을 깔아 주면 자유로운 영혼을 발현하던 지랄은 '놀이'에서 바로 누구의 지시에 따라 해야만 하는 '일'이 된다. 본래 하고 싶던 일도 누가 시키면 하고 싶은 마음이 싹 사라지는 것이 사람의 심리인지라, 평소에는 시키지 않아도 곧잘 하던 일에 외부의 간섭이 개입되는 순간 내키지 않게 된다.

그러므로 수업 시간에 학생들이 오디션장인지 교실인지 구분 못하고 개인기 내뿜으며 지랄할 때는 멍석을 깔아 주면 된다. 백 마디 잔소리보다 한 번의 멍석 깔기가 훨씬 따끔하고 효과적인 해결책이 될 수 있다.

지랄 총량의 법칙

김두식 교수가 쓴 『불편해도 괜찮아』라는 책에 '지랄 총량의 법칙'이라는 말이 나온다. 누구나 일생 동안 쓰고 죽어야 하는 '지랄'의 총량이 정해져 있다는 뜻이다.

정해진 양을 사춘기에 다 써 버리느라 부모님을 괴롭히며 지랄하는 사람도 있고, 젊은 시절에는 멀쩡하게 잘 지내다가 남은 지랄을 다 써 버리기 위해 노년에 지랄하는 사람도 있고, 일생에 걸쳐 틈틈이 조금씩 그 지랄의 양을 소비하는 사람도 있는데, 어쨌든 주어지는 지랄의 양은 비슷하며 죽기 전까지 반드시 그 양을 다 쓰게 되어 있다는 것이다.

이 법칙에 따르면 '지랄'하는 행동은 크게 문제가 되지 않는다. 누구에게나 주어지는 자연스러운 행동이기 때문이다. 그러니 사춘기 자녀가 이상한 행동을 하면서 부모님에게 눈을 치뜨며 대들어도 자기에게 주어진 지랄을 소비하는 거겠거니 넘기고 이해한다면 화낼 일도, 싸울 일도 조금은 줄어들지 않을까 싶다. 반대로 자녀가 어린 시절 말썽 한 번 부리지 않았다면 마음의 준비가 필요할 듯하다. 언제 우리 아이가 지랄을 향한 도발을 시작할지도 모르니까 말이다.

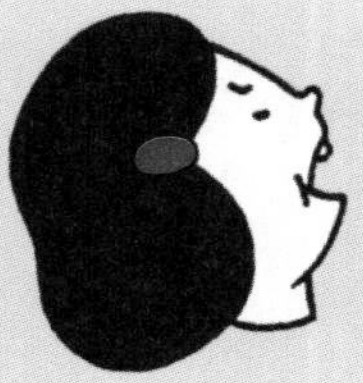

씨발

다른 것으로 포장하기 힘들다

어원

'씨발'의 원형은 '씹할'이다. '씹'은 여성의 성기를 가리키고 '씹하다'는 성교를 한다는 의미인데, 물론 사랑하는 남녀 관계가 아니라 정상적이지 않은 관계일 때 비하하는 뜻으로 쓰인다. 여진족을 상대로 했다는 이 욕은, 수렵 때문에 마을에서 남자들을 보기 힘들고 여자와 아이들만 있었는데도 종족이 늘어나는 것을 보면서 근친상간한다는 의미로 사용했다고 한다.

'씨발'이든 '신발'이든 겉을 예쁘장하게 포장해도
그 의미까지, 불쾌한 느낌까지 포장하지는 못한다.
시커먼 속마음은 꽁꽁 감춰 두고 욕심 부리는
우리 모습이 욕에 그대로 전이되는 듯하다.
불편하다.

- 싸이, 〈I LUV IT〉 중에서

생선을 먹을 땐 가시 발라 먹어

수박을 먹을 때는 씨 발라 먹어

젠장

결핍이 가져올 또 다른 기회

어원

옛날 형벌 중에 죽을 때까지 곤장을 치는 '난장'이라는 형벌이 있었다. 난장을 맞은 사람들은 장애인이 되거나 죽기 십상이었는데, 당시 사람들 사이에서는 욕으로 "제기랄, 난장을 맞을"이라는 말이 유행했다. 이 말이 줄어들어 '젠장'이 되었다. 요즘은 자기 뜻에 맞지 않아 불만스러울 때나 짜증 날 때 혼자 내뱉는 감탄사쯤으로 쓴다.

젠장은 젠장을 끌고 왔다

서른 번째 자필 자기소개서를 쓰고 원서 접수하러 우체국에 가던 날. 그날따라 유난히 추웠다. 터벅터벅 걸어가던 내 모습도 추웠고, 마음 둘 곳 없이 여기저기 원서를 내야 하는 내 신세도 추웠고, 기댈 곳 없는 내 마음도 참 추웠다. 인쇄만 하면 1분도 안 되어 프린터에서 자소서가 나오는 이런 편리한 세상에 살다 보니, 나는 자소서를 자필로 공들여 쓰는 사람은 그렇게 많지 않아 경쟁률이 낮을 거라고 장담했고, 그래서 더 기대했다. 그러나 며칠 뒤 나는 자필 자소서가 면접에 응시할 기회조차 없이 받아들여지지 않았다는 사실을 알았다. 겉으로는 쿨한 척했지만 마음속으로는 '젠장'만 외쳤다.

젊은 시절, 취업을 앞둔 내 인생에서 젠장은 젠장을 끌고 왔다. 일이 하나 제대로 풀리지 않으면 마치 연결된 고리처럼 다른 일도 잘 풀리지 않아 마음속에 한숨만 늘어 갔다. 그때의 자필 자소서 트라우마 때문인가, 나는 지금도 손으로 뭔가를 쓰는 일이라면 지긋지긋하다. 손으로 뭔가를 쓸 때마다 그때의 그 처량함과 슬픔이 부유물처럼 내 주변을 떠다니는 느낌이다.

소설가 김영하는 어린 시절에 연탄가스 중독으로 이전 기억을 모두 상실했고, 몸이 허약한 탓에 책을 가까이하게 되었다고 한다. 일종의 결핍을 통해서 얻은 기회로 그는 누구나 인정하는 재기발랄함과 엉뚱함을 갖춘, 문학계의 그랜드 슬램을 달성한 작가가 되었다. 결핍이라는 것이 하나의 기회가 될 수 있는 걸까? 그렇다면 결핍에 굳이 '젠장'을 외칠 필요가 있을까? 나는 그 결핍이 또 다른 결핍을 가져오리라 믿고 겁냈지만, 김영하 작가의 경우처럼 결핍은 새로운 기회를 몰고 올 복덩이가 될 수도 있으니까 말이다.

된장녀는 젠장을 싣고

'된장녀'는 소비 활동의 대부분을 부모나 상대 남자의 경제적 능력에 의존하는 젊은 여성을 비하하여 일컫는 단어다. 이 된장녀라는 단어가 나온 배경을 두고 여러 가지 추측이 난무한다. 된장을 발라 주고 싶을 만큼 꼴불견인 여성을 가리킨다는 주장, 실제로 좋은지 나쁜지도 모르면서 해외 명품이라면 무조건 선호하는 여성을 똥과 된장을 구분하지 못한다고 비꼬는 말이라는 주장, 아무리 해외 명품으로 치장해 봤자 정작 자신들은 순수한 국산으로 된장 냄새에 익숙한 존재라는 의미로 사용한다는 주장, 마지막으로 남성들이 사치스러운 여성을 뒷바라지(?)하느라 힘겨운 자기 처지에 '젠장, 젠장'을 외치다가 발음이 비슷한 된장으로 바뀌면서 된장녀가 되었다는 주장이 있다.

많은 어원이 돌아다니지만, 내 생각에는 자기가 좋아하는 여자들이 남자에게 기대어 사치를 부려 정신적·경제적으로 힘들어하던 평범한 남자들이 만들어 낸 말 아닐까 싶다.

비난하거나 강제할 수 없는 삶의 방식

노노스(NONOS)는 No logo(노 로고), No design(노 디자인)의 줄임말로, 노노스족은 많은 사람들이 가진 명품보다는 차별화한 디자인의 제품을 즐기는 소비자층을 일컫는다. 된장녀처럼 똑같이 명품을 가지고 다녀도 상표를 과시하지 않는 노노스족은 된장녀보다 좀 더 고급스러운 이미지로 분류되어 선망의 대상이 되기도 한다.

이런 노노스족과 비교하면서 '된장녀'들의 과시욕을 '젠장녀'라고 폄하하지만 된장녀들은 자신의 일상에서 나름의 정체성을 찾는다. '나는 너와 달라'라고 남에게 과시할 수 있는 명품 소비를 일상화하면서 만족을 느끼고, 그럼으로써 자신의 삶을 가치 있게 여긴다. 된장녀들이 휴가 때마다 해외여행을 가는 것도 같은 맥락이다. 그들에게 해외여행은 사치라기보다는 자신의 삶을 가치 있게 만드는 하나의 방법인 것이다.

물론 자기 형편에 맞지 않는 소비와 쓸데없는 과시욕은 비난받아 마땅하다. 그렇지만 자기 능력으로 감당할 수 있는 소비는 우리가 비난하거나 강제할 수 없는, 그들 각자가 살아가는 방식이다. 그러니 그들이 3천 원짜리 점심을 먹고 5천 원짜리 커피 마시러 별다방에 가든, 명품 가방을 몇 개씩 사든, 휴가 때마다 해외여행을 가든, 우리가 한 푼 보태 주지도 않았으면 그들에게 뭐라고 쏘아붙일 이유가 없다. 애 낳으면 자기가 키워 줄 것도 아니면서 아이를 왜 안 낳느냐고 잔소리하고 참견하는 것과 다를 바 없다. 그러니 그들의 삶의 방식을 '젠장'이라고 폄하하지 말고 존중해 주는 것이 어떨까 한다.

쩐다

사람을 헷갈리게 만드는 건방진 단어

어원

배추가 소금에 절여지는 것처럼, 어느 한 대상에 푹 빠지거나 한 가지 일에 매우 능통한 것을 빗대어 하는 말이다.

'쩌는' 이중성

남학교에 근무해서 옷을 입을 때 항상 신경 쓰게 된다. 하루는 왠지 소녀 같은 옷을 입고 싶었다. 아껴 두었던 분홍색 니트 원피스를 꺼내 들었다. 평소에는 화장을 거의 안 하는데, 그날은 특별히 화장을 하려고 30분이나 일찍 일어났다. 교실에 들어가서 학생들에게 "어려 보여요!"라는 말만 들으면 미션 완료! 그 말을 듣는다면 30분 일찍 일어난 피로를 다 떨쳐 낼 수 있을 것 같았다.

앞문으로 들어서니 웅성대는 소리가 들린다. 씨익 웃으며 '역시 성공했구나' 속으로 한껏 들떠 있는 찰나, 한 녀석의 목소리가 들려왔다.

"선생님, 오늘 쩔어요!"

그 말에 학생들은 기다렸다는 듯 일제히 웃음을 터뜨렸다. 나는 순간 멈칫할 수밖에 없었다. 평소보다 예쁘다, 잘 어울린다, 정말 어려 보인다는 의미의 '쩔어요'일까? 아니면 도대체 그 나이에 무슨 추태입니까, 정말 짜증 나는 모습이네요, 눈 뜨고 볼 수가 없습니다, 이런 의미의 '쩔어요'일까? 나는 '쩔어요'의 의미를 고민하느라 수업에 집중하지 못했다. 그러니 수업은 부자연스러웠고 학생들의 반응도 뜨뜻미지근했다. 이처럼 '쩐다' 같은 단어처럼 그 이중성 때문에 의미를 파악할 수 없을 때는 나도 정말 '쩐다'.

사람이든 단어든 한 가지 성질만 있어야 주변을 헷갈리게 하지 않는다. 두 마리 토끼를 잡겠다고 아무리 애써도 결국 하나에 충실한 것, 전문성이 있는 것에는 이기지 못한다. 인간의 이중성도 견딜 수 없이 나쁘고 싫지만, 단어의 이중성도 직접 밝혀 주지 않으면 의미를 헷갈리게 해서 싫다. 사람을 기대하게도 하지만 실망시키기도 해서 더 나쁘다. '쩌는' 이중성은 버려야 한다.

칭찬에 인색한 태도가 만든 단어

얼마 전 친구 집들이에 갔다가 거실에 놓아둔 특이한 에어컨을 보았다. 튤립처럼 생긴 그 에어컨은 가까이에 손을 대면 버튼을 누르지 않아도 튤립처럼 생긴 뚜껑이 열리면서 자동으로 가동하는 최신식 에어컨이었다. 신기했던 나는 손을 이리저리 대 보며 에어컨의 성능을 시험해 보다가 한마디를 던졌다.

"와, 이거 정말 쩐다!"

분명 '에어컨 좋아 보인다' '부럽다' 등 '쩐다'를 대신할 칭찬의 말이 참 많은데 '쩐다'라는 단어로 감정을 표현했다. 생각해 보면 일상적으로 칭찬에 인색한 태도가 이런 단어를 쓰게 만든 건 아닌가 싶었다.

한국 사람들은 대체로 칭찬에 인색한 편이다. 상대방을 칭찬하면 자신이 그 사람보다 낮아지는 듯하고, 그 사람보다 못하다고 인정하는 것 같다. 칭찬이라는 게 그 사람의 성격이나 성과를 격려해 주며 비행기 한 번 태워 주는 것인데, 그 사람을 비행기 태워 줌으로써 땅에서 그 비행기를 바라보는 내가 왠지 한없이 작아지고 초라해지는 것만 같기 때문이다.

그래서일까, 사람들은 호부호형 못하는 홍길동도 아닌데 멋진 사람에게 멋지다 말하지 못하고, 어떤 일을 잘한 사람에게도 직접적으로 잘했다고 칭찬하지 못한다. 그저 에둘러 '쩐다'고 표현하면서 그 사람을 흔쾌히 인정하고 싶지 않았던 것은 아닐까. 잘한 것은 잘했다고 크게 박수 보내고 칭찬해 준다면 '쩐다' 처럼 의미가 모호하고 칭찬을 방해하는 표현은 사라질 수 있지 않을까?

대체어

멋있다, 구질구질하다

'쩐다'는 상황에 따라 의미가 다르게 전달되기 때문에 사람을 헷갈리게 하는 건방진 단어다. 그러니 에둘러서 애매한 곳에 '쩐다'를 갖다 붙이지 말고, 멋있으면 멋있다고, 구질구질하면 구질구질하다고 분명하게 말하자.

빡세다

너무 바빠서 시간이 없다는 핑계

어원

❶ 힘들다, 어렵다, 무리다 등의 의미가 있는 경상도 사투리 '빡시다'에서 왔다는 설. 발음이 비슷해서 이렇게 추측한다.

❷ (일의 강도가) '세다' 앞에 무언가를 강조하는 센말인 '빡'을 붙여 사용함으로써 '세다' 또는 '힘들다'를 강조한다는 설. 몹시 힘들다는 뜻이다.

비로소 살아 있음을 느낀다

몸이 아파서 일주일 동안 병가를 내고 집에서 쉰 적이 있다. 내게 주어진 일이라곤 온종일 쉬는 거였다. 아침 먹고 조금 쉬다가 점심 먹고, 누워 있다가 저녁 먹고는 일찌감치 잠자리에 들었다. 자고 싶은 만큼 자고, 텔레비전 보고, 책 읽고, 하고 싶은 것만 하니 천국이 따로 없었는데, 이틀이 지나자 이런 일상이 너무나 지루하게만 느껴졌다. 잉여 인간이 된 느낌이었다. 내가 아무것도 안 하고 이렇게 놀아도 세상은 돌아가고 업무에도 아무 문제가 없으니 내가 세상에 필요하지 않은 존재인 것 같아 왠지 서글퍼졌다. 그래서 몸만 멀쩡하다면 병가를 반납하고, 평소처럼 새벽 다섯 시 반에 일어나 출근하고 학생들과 지지고 볶고 싶어졌다.

병가가 끝난 뒤 다섯 시 반에 일어나 부지런히 준비하고 새벽 공기 마시며 출근하는 기분. 나를 선생님이라고 불러 주는 학생들과 함께하며 가끔은 열도 받고 또 가끔은 호탕하게 웃어넘기는 시간들. 하루 일을 마치고 집으로 돌아오면서 나에게 오늘도 애썼다고 쓰담쓰담 해 주는 그 순간. 하루하루 피곤하긴 하지만 그런 빡센 삶의 결과물이 차곡차곡 쌓이면서 내 이력이 되고, 값진 경험을 만들고, 연륜 있는 교사로 성장하게끔 돕는다고 생각하니 이런 빡센 삶이 고맙게 느껴졌다. 집에서 쉬면서 잉여 인간 놀이를 하던 그때보다 백배는 더 내가 살아 있음을 느낄 수 있었다. 세상은 내가 없으면 돌아가지 않으리라는 착각마저 들고, 자존감이 높아지는 기분이었다.

스스로가 완벽해지기 위해 노력한다는 것

완벽함을 추구하는 사람들은 정확하고 빈틈없이 일하고자 애쓴다. 그렇지만 세상 모든 일이 인간이 하는 일인지라 완벽하게 하기가 여간 어려운 게 아니다. 남들이 한 번 검수할 때 두세 번은 검수해야 하고, 똑같은 일에 남들이 한 시간을 투자할 때 곱절의 시간을 투자해야 한다. 꼼꼼하고 실수 없이 완벽하게 하려다 보니 나 자신을 좀 더 채찍질하게 되고, 이런 태도가 몸과 마음을 빡세게 만든다. 깐깐하고 완벽을 추구하는 성격은 사람을 빡세게 만든다.

그러나 빡세게 사는 것이 힘들다고 스스로를 탓할 필요는 없다. 빡셈을 느낀다는 것은 뒤집어 말하면 스스로 완벽해지기 위해 노력한다는 것을 뜻하기 때문이다. 일을 빈틈없이 처리하기 위해, 완벽한 커리어를 위해 스스로를 채찍질하며 빡세게 사는 것은 아주 중요하다.

세상에서 유일하게 공평하게 주어지는 것

대한민국은 눈에 보이지 않을 뿐 상류층·중류층·하류층의 계급이 존재하는 나라다. 그리고 이런 계급 사회에서 신분 상승이 가능한 방법은 두 가지뿐이다. 개천에서 용 나듯 열악한 환경에서도 열심히 공부해서 좋은 대학을 나와 출세하는 것. 미모로 신분을 상승시켜 줄 수 있는 남자와 결혼하는 것.

그런데 경쟁의 틀이 바뀌면서 개천에서 용 나던 시절은 옛이야기가 되었다. 성형이 감기 치료처럼 간단하게 이루어지는 사회에서 예쁜 외모만으로는 이제 경쟁력이 떨어진다. 부유한 환경에서 태어나 배움을 얻은 사람들이 그 자식에게 부와 지식을 물려주는 구조에서, 못 가지고 못 배운 사람들은 성공의 궤도에 진입하기란 엄청 힘들다. 모든 것이 불공평하게 돌아가고 있다.

그런데 이 세상에서 유일하게 공평한 것이 하나 있다. 바로 시간이다. 거지에게나 부자에게나 24시간이라는 시간은 공평하게 주어진다.

이른바 성공한 사람들의 자서전을 보면 시간을 헛되이 사람이 한 명도 없다. 그들은 잠자는 시간마저 아까워하며 자기 삶에 주어진 1분 1초를 소중하게 여긴다. 물론 유복한 환경이 그들을 성공으로 이끌었을지도 모르지만, 24시간이라는 시간을 자신들의 꿈을 이루기 위해 알뜰하게 쓴 덕분에 성공 궤도에 오른 건 아닐까? 날마다 똑같이 주어지는 24시간을 어떻게 보내느냐에 따라 우리의 삶이, 우리의 꿈이 달라질 수 있다.

대체어

거세다

'빡세다'는 아직 표준어로 받아들여지지 않았다. 그러므로 '빡세다'를 '일의 강도가 세다'는 의미로 쓸 때는 '거세다'라는 단어로 대체하면 좋을 것 같다. '거세다'는 '사물의 기세 따위가 몹시 거칠고 세차다. 편안하거나 순탄하지 않다'는 의미가 있기 때문에, '빡세다'에 담긴 의미까지 포함할 수 있는 단어다.

뽀대 난다

남들의 시선에 예민한 우리

어원

❶ 1980년대에 젊은이들이 외래어를 나름대로 해석하고 뜻을 갖다 붙이면서 다양한 말이 생겨났는데, 그 무렵 영어 'body'를 '뽀대'로 둔갑시켜 사용했다고 한다.
❷ '본때'라는 단어에서 그 어원을 찾는다. '본때'는 본보기가 될 만한 사물의 됨됨이 또는 맵시나 모양새를 가리키는 말인데 강하게 발음하다 보니 '뽀대'로 변했다고 한다. 젊은이들 사이에서 '멋있다' '세련되다'는 표현 대신 쓰인다.

뽀대의 단골 메뉴 외제 차

세계적으로 엄청 비싼 차 가운데 하나인 람보르기니. 돈이 남아 철철 넘치는 부자들의 로망이자 자동차 컬렉션의 단골 품목이기도 한 이 차는 우리나라에서 흔히 볼 수 있는 차가 아니다. 대량 생산한다고 해 봤자 1년에 50대, 장인이 한 땀 한 땀 직접 만드는 차라 가격 자체가 '억' 소리 나게 비싸다. 웬만한 부자나 차에 혼을 빼앗겨 '나는 집보다 차를 택하겠어!'라는 독특한 생각을 하는 사람이 아닌 이상, 평생 자기 차로 소유하기란 쉽지 않을 것이다.

나는 이 차를 청담동에서 딱 한 번 본 적이 있다. 외제 스포츠카는 겉만 번지르르하고 개념 없는 놈들이 몰고 다닌다는 나의 고정관념을 모두 날려 버린 가슴 뛰는 경험이었다. 차를 좋아하지 않는 나조차도 그 뽀대 나고 잘빠진 외형에 정신을 놓았는데, 무엇보다 문이 위로 열리는 람보르기니 특유의 날갯짓에 혼을 빼앗겼다. 운전석에서 나오는 사람에게서는 광채가 났다. 차에 별 관심 없는 내가 이 정도였으니, 차를 광적으로 좋아하는 사람들에게 람보르기니란 아마 꿈의 슈퍼카일 것이다.

본질의 중요성을 잊고 겉모습으로 보는

얼마 전 친구가 차를 뽑았다고 드라이브를 하자며 내 앞에 나타났다. 퇴근하고 나가자 학교 앞에는 까만색 스포츠카가 떡하니 나를 노려보고 있었다. 저 차구나 싶어 조수석 쪽으로 가서 문을 잡아당겼다. 그런데 '람보르기니'처럼 문이 날갯짓하듯 위로 열리는 게 아닌가. 나는 차를 잘 모르지만, 순간 많은 생각이 머리를 스치고 지나갔다. '이거 혹시 람보르기니인가?' '람보르기니는 자동으로 열리던데' '람보르기니 말고 문이 이렇게 위로 열리는 차가 있나?' '어쨌든 아무리 봐도 이건 람보르기니는 아니야' 등등.

그런데 태평하게 그런 생각을 할 때가 아니었다. 하굣길이라 학생들이 보고 있어서 얼른 문을 닫아야 했다. 그런데 위로 열린 문은 앉은 채로는 닫을 수 없는, 비정상적인 육체만이 닫을 수 있는 구조였다.

"야, 이거 어떻게 닫아?"

당황한 내가 도움을 청하자 친구는 운전석에서 내려 조수석 문을 위에서 아래로 힘차게 닫으며 나에게 말했다.

"이 차 튜닝한 거야. 멋있지? 수동으로 열고 닫아야 하지만…….”

친구의 차는 뽀대 나는 모습으로 변신하기 위해 겉을 람보르기니처럼 튜닝한 투스카니. 그러나 내부는 1980년대에도 본 적 없는 괴상한 구조였다. 안전띠는 헐렁하면서 외제 차처럼 속도를 내며 씽씽 달리는 불편한 행동. 본질의 중요성을 잊고 겉으로 보이는 뽀대에만 너무 치중한 것은 아닌지, 겉모습에 어울리는 내실을 갖춰야 하지는 않을지 다시금 생각하게 했다.

나의 뽀대를 위해 존재하는 것

아기 엄마들이 좋아하는 명품 유모차가 도마에 오른 적이 있다. 유명 연예인들이 직접 구입해 사용하든, 무료로 제공받아 홍보할 겸 사용하든 간에 그 명품 유모차들은 언론에 소개될 때마다 완판되는 기염을 토했다. 100만 원을 호가하는 유모차들이 말이다. 비싼 가격 때문일까? 사람들은 이런 유모차들을 유모차계의 벤츠라고도 일컫는다.

주변 아기 엄마들에게 이 유모차를 사는 이유를 물어보니 “첫아이니까 잘해 주고 싶어서” 또는 “아이한테 좋은 걸 해 주고 싶어서"라고 말한다. 내가 아기일 때를 떠올려 보면 무슨 유모차를 탔는지, 유모차를 탈 때 어떤 느낌들이었는지 사실 기억도 잘 안 난다. 바퀴가 작아서 안정감이 떨어진다고 정서적으로 문제가 생기는 것도 아니요, 바퀴가 크고 안정된 유모차를 탄다고 아이의 지적 능력이 높아지는 것도 아니다. 유모차 살 돈으로 아이들을 지적으로 더 풍요롭게 해 줄 수 있는 책을 많이 사주는 게 낫겠다고 말하기도 한다.

어쨌든 이런 비싼 유모차를 사는 이유가 왠지 '아이를 위해서'라기보다 '나를 위해서'라는 편이 더 맞을 것 같다는 생각이 든다. 그게 편리함을 위해서든 뽀대를 위해서든 간에.

유모차는 더 이상 아기들을 위한 물건이 아니다. 엄마들에게 유모차란 아이와 함께 쇼핑을 하거나 산책할 때 빼놓을 수 없는, 외출할 때 들고 나가는 가방이나 끌고 나가는 차와 같은 아이템이 되어 버렸다. 그러니 남들 시선에 유독 예민한 우리는 이제 아무 유모차나 끌고 다닐 수 없고, 조금 무리해서라도 명품 유모차를 사려고 한다. 꼭 명품 가방이나 외제 차를 소유해 뽀대 나고 싶은 기분처럼 말이다. 명품 유모차는 엄마들의 뽀대를 위해 존재하는 것이다.

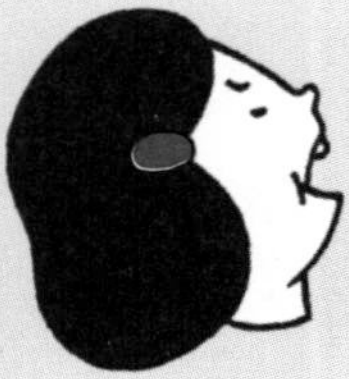

간지 나다

간지의 완성은 자신감이다

어원

간지는 '느낌' '인상'을 뜻하는 일본어 '간지(感じ)'에서 유래했다. 의류 업계에서 옷의 스타일을 지칭하는 속어로 써 왔는데, 복고 패션도 빈티지 패션도 아닌, 모호한 일본 패션이 유행하면서 일본 느낌이 난다는 의미로 쓰기도 했다. 지금은 '멋있다' '느낌이 있다' '분위기가 좋다'는 긍정적인 의미로 쓴다.

값비싼 옷을 입고 잔뜩 치장을 했더라도,
행동하는 사람에게 자신감이 없다면
그것은 간지를 빙자한 돈지랄일지 모른다.
자신감 넘치는 태도로 행동하는 사람에게서는
늘 간지가 난다.

간땡이가 붓다

통제 불가능하기도 하지만 패기가 넘치고 용기 있다

어원

간은 한의학에서 정신이나 마음을 관장하는 아주 중요한 장기로 본다. 그런 맥락에서 작은 일에도 겁을 내면 '간이 작다'고 하고, 겁이 없고 당당하면 '간이 크다'고 말한다. 그런데 두려움이 없고 대담한 것을 넘어 행동에 대한 통제가 불가능해질 때, 간의 기운이 커지다 못해 비정상적이라고 생각할 때, '간이 부었다'고 표현한다. 보통 부정적인 의미로 쓸 때 간의 속된 표현인 '간땡이'를 사용한다.

제 간도 리모델링 좀요!

간땡이가 작다고 좋은 건 아니다. 나는 간땡이가 늘씬한 A형이라 남들이 옳지 못하다고 생각하는 일에 대놓고 나서 본 적이 거의 없다. 나섰다가 잘못되면 어쩌지, 다른 사람들한테 비난받을지도 몰라, 이런 소심한 생각이 나를 그저 관망만 하는 불편한 참여자로 만들었다.

부당한 서비스를 받아도, 상대방이 말도 안 되는 억지를 써도 그냥 참고 말지. 이런 마음가짐을 지니게 된 것도 사실은 간 때문이다. 이럴 때는 내 간땡이 부을 정도는 아니라도 할 말은 제대로 할 수 있도록, 용기나 패기를 얻을 수 있도록 리모델링 하고 싶다는 생각이 든다.

간이 부었다는 것은 겁 없이 까불고 대담해져서 앞뒤 가리지 않는다는 말이지만, 좋게 보면 패기가 넘치고 용기가 있다는 말도 된다.

'하면 된다'처럼, 무식해 보이긴 하지만 말도 안 되는 일을 말이 되게끔 만들거나 다른 사람들은 감히 도전하지 못하는 것을 건드리는 것처럼 간땡이가 조금은 부어 있어야 가능한 일도 참 많다. 남들은 멀찍이 떨어져서 가만히 보고 있지만 나는 그러면 안 되겠다, 몸소 실천해야겠다, 한번 나서 봐야겠다, 이런 간땡이 부은 도전 정신과 패기가 우리가 생각지도 못하는 혁신을 이루어 낼지도 모를 일이다.

간땡이가 초고도 비만이신가요?

한때 〈먹거리 X파일〉 〈불만제로〉처럼 음식 유통의 행태를 소재로 하는 텔레비전 프로그램이 많은 인기를 끌었다. 낱낱이 파헤쳐지는 장면을 보노라면 우리가 밖에서 사 먹을 만한 것이 과연 있을까 하는 의구심이 든다.

몸에 해로운 화학 첨가물을 생각 없이 사용할 뿐 아니라 상한 고기를 갈아서 파는 등 윤리 의식이 땅에 떨어진 잘못된 유통 방식으로 이윤을 챙기는 사람들을 아주 쉽게 볼 수 있다. 그러니 도저히 마음 편히 뭘 사 먹을 수 없는 지경에 이르렀다. 타인의 건강과 생명보다 자신의 이익만 챙기는 이기적인 마음이 간땡이를 부풀려 먹거리로 장난치는 결과를 만들어 내는 것이다.

우리나라뿐 아니라 먹거리로 장난치는 나라로 아주 유명한 중국은 아기들이 먹는 분유부터 만두, 생선, 달걀, 고기 등 일상적으로 쉽게 접하는 재료를 가지고 자주 장난을 친다. 그리하여 중국에서도 특단의 조치를 내렸다. 음식물로 장난치는 사람들에게 사형을 선고한 것. 인권을 무시하는 너무 극단적인 조치라는 비판도 많았지만, 인간의 삶에 가장 필수적인 요건인 먹거리로 장난을 치며 인권을 유린했으니 극단적인 엄벌을 내리는 것도 한편으로는 이해가 간다.

일본에서는 비양심적으로 음식점을 경영하다가 적발되면 형사 처벌을 받고 대대로 영업을 못하게 할 정도로 정부가 음식 유통 부문을 엄격하게 관리한다고 한다. 그러니 우리나라 사람들이 분유나 과자 같은 것을 우리나라 제품은 못 믿지만 일본 제품이라면 믿고 먹는 진풍경이 벌어지기까지 한다. 일본을 욕하지만, 이런 면에서는 일본에서 배울 점도 있다는 것을 인정해야 한다.

선진국과 선진국이 아닌 차이는 바로 간땡이의 크기에서 나타나는지도 모른다. 용기나 패기가 아니라 이기적인 마음으로 부푼, 간땡이 비만율이 높은 사회일수록 선진국 대열에서 멀어진다. 그러니 우리도 진정한 선진국 대열에 들어서기 위해서는 양심을 속여 가며 내 이익만 앞세우는 간땡이 부은 짓은 지양

하고, 정직하고 자부심 넘치는, 용기와 패기가 넘쳐 정의를 부르짖는 간땡이를 키워야 하지 않을까 싶다.

대체어

대담하다, 용감하다

겁이 없고 대담한 사람들에게 우리는 '간땡이가 부었다'고 말한다. 겉으로만 드러나는 그 사람의 행동을 표현하기 위해 눈에 보이지 않는 애꿎은 장기 부풀리지 말고, '대담하다' '용감하다' 같은 표현을 사용하면 좋겠다.

얄짤 없다

융통성 없는 현실

어원

'아무것도 없다' '전혀 없다'는 의미의 '일절(一切) 없다'는 단어에서 나온 말이다. 학생들 사이에서는 '얄'을 탈락시킨 '짤 없다'는 말도 유행처럼 번졌는데, 역시 같은 의미다. 절대 봐줄 수 없거나 어림도 없이 먹혀들지 않는 경우에 답답한 경우에 쓰는 말이다.

이런 융통성 없는 인간 같으니라고!

핀에어를 타고 헬싱키에서 한국으로 돌아오는 길이었다. 핀에어는 위탁 수화물을 23킬로그램까지 허용하는데, 내 캐리어의 무게는 헬싱키에서 욕심 부리며 구입한 온갖 그릇 때문에 24킬로그램 정도 됐다. 국내 항공사나 국외 항공사는 무게가 조금 초과될 때 봐주기도 해서 별 걱정을 하지 않았다. 그런데 핀에어 직원이 캐리어 무게를 재 보더니 겨우 1킬로그램 초과했을 뿐인데도 정색을 하며 절대 안 된다고 손을 내저었다. 물건을 빼거나 추가 요금을 내야 한다는 것이다. 영어를 잘 못해서, 알아듣지 못하는 척 미소만 지으며 버티고 서 있었다. 그러자 그 직원은 갑자기 한국인이냐고 묻더니 자신이 영어로 말한 내용을 휴대폰 번역기에 한국어로 바로 번역하더니만 나에게 보여 주는 게 아닌가?

"최대 용량은 23킬로그램입니다. 23킬로그램 이상은 추가 요금을 내셔야 합니다."

'이런 융통성 없는 인간 같으니라고!'

속으로 이렇게 생각하면서, 민망하기 그지없던 나름의 미인계(?)를 당장 접었다. 그러고는 헬싱키 공항 체크인 데스크 바닥에 앉아 캐리어를 열고, 깨지지 않게끔 옷으로 잘 싸 놓은 그릇을 하나하나 다 빼내는 기염을 토했다. 어려운 상황에 놓였을 때는 백치미로 일관하라는 엄마의 조언도 소용없었다. 외국에서는 나의 멍청한 미소도, 어설픈 미인계도, 얄짤 없었다.

현실은 얄짤 없이 냉혹하다

파산해서 문 닫은 가게 우편함에도 고지서는 어김없이 날아들고, 혼기를 놓친 것도 억울한 35세 노처녀는 40세 총각에게 나이가 많다고 차인다. 월급이 통장에 로그인 하자마자 언제 썼는지 기억나지 않는 신용 카드 대금과 국민연금, 의료 보험료, 교통 카드 대금이 마구 월급을 퍼 가고 나면 그토록 기다렸던 월급님은 로그아웃 하는 현실. 헤어졌지만 애인을 위해 썼던 카드 할부금은 만나고 있는지 헤어졌는지와 관계없이 다달이 나가는 현실. 술 마시다가 흥에 겨워 카드 한번 긁었을 뿐인데 집에 와서는 바가지 긁혀야 하는, 즐거움은 짧고 바가지의 여운은 길기만 한 불편한 현실. 현실은 정말 얄짤 없이 냉혹하다.

많은 일들이 참 냉정하고 얄짤 없이 돌아가고 있다. 더불어 사람들의 인심도 시간이 지날수록 퍽퍽해진다. 요즘 사회의 이런 모습을 그대로 보여 주는 단어가 바로 '얄짤 없다' 아닐까? 이런 인간미 떨어지는 얄짤 없고 냉혹한 현실에서 벗어나 조금은 숨통이 트이는, 사람들 사이에 정감이 넘치는, 때와 장소에 따라 융통성 있게 대처하는 그런 세상에서 살고 싶다.

세상은 그렇게 호락호락하지 않다

내가 초등학교 때 골목에서 놀고 있으면 중고등학생 언니 오빠들은 나를 보며 "좋을 때다!"라고 했다. 내가 중고등학교 다니며 구슬땀을 흘리며 공부할 때 대학 가서 취업을 준비하던 선배들은 "그때로 돌아갔으면 좋겠다"고 했다. 대학교에 들어가 친구들과 MT 떠나고 방학이라 여행 다니면 취업해서 꼼짝없이 회사에 몸이 묶여 버린 직장인들은 "여행도 마음대로 다니고 부럽다!"고 했다. 결혼해서 부모가 된 육아 선배들은 싱글들을 부러워하며 "혼자일 때가 편하지. 미혼일 때가 그립다"고 했다. 누구나 남의 떡이 더 커 보이는 법이지만, 이건 남의 떡이 크고 작고의 문제가 아니다. 자신에게 닥친 냉정한 현실과 마주하면서 선택에 대한 후회가 밀려오는 것이다. 그게 자의건 타의건 상관없이. 왜냐면 생각했던 것만큼 세상은 호락호락하지 않으니까. 내가 힘들거나 아프다고 나를 위로해 주는 세상이 아니라, 내가 능력이 없거나 필요하지 않으면 나를 내칠지도 모르는 그런 세상이니까. 얄짤 없이 돌아가는 세상이니까.

어릴 때는 그 말들을 이해하지 못했는데, 이제 어느 정도의 관문을 통과하고 나니 그 말들이 어떤 의미였는지 이해할 수 있을 듯하다. 물론 앞으로도 많은 시간이 남아 있긴 하지만. 나도 지금은 덧셈 뺄셈을 공부하는 초등학생들이 부럽고, 엄마가 해주는 따뜻한 밥 먹으며 학교 다니고 있는 중고등학생들이 부럽고, 아직은 사회에 얽매이지 않아 어쩌면 인생에서 누구의 방해도 받지 않고 무한한 자유를 누릴지도 모르는 대학생들이 부럽고, 자기 몸 하나만 건사하면 되는 싱글들이 부러우니 말이다.

얄짤 없는 사회를 향한 불만 때문일까? 아니면 사회를 너무나 모르는 학생들을 걱정하기 때문일까? 불성실하고 무례하게 행동하면서 학생이라는 이유로 선처를 바라며 학생이라는 신분을 이용하는 아이들에게 가끔은 이렇게 잔소리를 한다.

"사회에 나가 봐. 너희 정말 얄짤 없어. 사회는 그런 곳이라고!"

곱사리

용서가 되는 일이 있고 용서가 안 되는 일이 있다

어원

본래 표현은 '곱살이'로, 노름판에서 유래한 말이다. 노름할 때 판돈 대는 것을 '살 댄다'고 하는데, 패가 좋지 않을 때는 쉬다가 좋은 패가 나오면 살을 댄 데다가 또 살을 대는 경우가 있다. 이것이 '곱살'이다. 정식으로 하는 게 아니라 남들 사이에 끼어서 하는 것을 '곱살이 끼다'라고 한다. 자기 힘으로 하는 게 아니라 남의 노력에 슬그머니 묻어가는 얄미운 사람을 일컫는 말이기도 하다.

여행 갈 때는 꼽사리를 껴도 웬만큼 용서가 된다

여행이라는 말은 그 자체만으로도 사람을 여유롭게 만들어 준다. 그래서일까? 평소에 꼽사리 끼겠다고 까불면 질타를 받을 텐데, 여행 가는 데 꼽사리 끼는 것은 왠지 모르게 무임승차가 아니라 여행의 동반자 같은 느낌으로 지위가 격상된다. 그래서 여행 갈 때는 꼽사리를 껴도 어느 정도 용서가 된다.

꼽사리 여행에서 가장 좋은 점은 내가 여행 계획을 짜지 않아도 된다는 점이다. 여행 계획을 짜 본 사람은 알겠지만 동선을 고려하며 경로를 짜다 보면 나도 모르게 신경이 예민해지고, 하나만 틀어져도 지금까지 짠 계획이 모두 수포로 돌아간다. 엄청난 집중력과 짜임새 있는 계획력이 동반되어야 하지만 내가 여행사 직원도 아니고 무얼 알겠나. 그냥 묻어가는 게 최고다.

게다가 꼽사리 여행은 외롭거나 심심하지가 않다. 혼자 떠나면 인생을 진지하게 돌아보게 된다며 홀로 떠나는 여행을 추천하는 사람도 많지만 떠나 봐서 안다. 며칠간은 해방감에 날아갈 것 같아도 그 이상은 혼자여서 너무 외롭다. 인생은 본래 외로운 거라고 말하지만 여행까지 외로우면 인생이 너무 슬프지 않은가.

그리고 꼽사리 여행의 좋은 점은 무엇보다 혼자 여행할 때보다 비용이 적게 든다는 점이다. 혼자 여행을 떠나려고 할 때 발목을 붙잡는 싱글 차지(single charge)! 호텔 방에 혼자 묵으려면 돈을 더 내야 한다. 유스호스텔이나 민박을 이용해도 되지만 낯설기만 한 다른 나라에 가서 잠까지 편하게 못 자면 삭신이 쑤시며 종일 찌뿌듯하다. 독립된 공간에서 편안한 잠을 자는 것만큼 중요한 것은 없다.

뭐 그렇다고 꼽사리 여행이 다 좋은 것만은 아니다. 가끔은 혼자이고 싶은 시간도 있다. 그렇지만 내가 필요할 땐 꼽사리를 꼈다가 또 내가 원할 땐 빠지고 그런다면 눈총 받을 게 빤하다. 꼽사리 여행 때는 나만의 자유 시간을 접어 두어야 한다.

그리고 다른 사람과 함께 여행하기 때문에 신경 쓸 일이 한두 가지가 아니다. 혼자 여행할 때는 귀찮으면 화장 안 하고 머리도 안 감고 빈티지하게(?) 다닐 수 있겠지만, 동행이 있으면 그 사람의 품위도 살려 줘야 한다. 품위라고 해서 거창한 것은 아니고, 그냥 그 사람이 나 때문에 느낄지 모르는 창피함은 면하게 해 줘야 한다는 말이다.

꼽사리 꼈다고 핀잔 주는 친구들도 가끔 있다. 그런 친구들의 공격을 막아 내기 위해 뻔뻔함이라는 방어막도 준비해 두어야 한다. 그게 싫으면 평소 인간관계에 신경을 많이 써 두어야 한다. 꼽사리 꼈을 때 다 티 난다.

열심히 일한 당신, 떠나라! 어떻게? 꼽사리 껴서! 가벼운 주머니 걱정, 무계획 탓에 삽질할 걱정 모두 내려놓고. 뻔뻔함이라는 무기만 있으면 만사 오케이다.

라면 꼽사리는 절대 금지

라면 먹을 때 꼽사리 끼는 사람은 정말 한 대 쥐어박고 싶은 마음이 간절하다. 라면 먹을 거냐고 물을 때는 단칼에 거절해 놓고, 라면을 다 끓여서 후후 불어 가며 신 김치 척 얹어 먹고 있으면 갑자기 소리 없이 다가와 이렇게 말한다.

"한 입만!"

봉지 라면 하나 가지고 야속하고 치사하게 구는 것 같아 한 입 주면, 양이 얼마 안 된다는 생각은 전혀 없는지 양심도 없이 한입에 후루룩 면발을 흡수한다. 그럴 때는 갑자기 울컥해서 눈물이 날 것 같다. 한 입이라는 게 사실 사람마다 측정 불가능한 지라 정말 큰마음 먹고 흡입하면 3분의 2쯤은 한 번에 그냥 보낼 수 있다. 그런데 이렇게 뺏어 먹는 사람들은 꼭 "면이 안 끊어져!"라는 말도 안 되는 핑계를 대면서 그 뜨거운 면발을 입안 가득 넣고 있다. 이럴 때는 정말 원수가 따로 없다. 차라리 아예 모르는 사람이 낫다 싶다.

일말의 양심이 있다면, 라면 꼽사리는 자제해야 한다. 라면을 먹기 전에 품은 기대감, 끓이면서 펼친 행복한 상상의 나래, 혼자 라면을 먹을 때의 그 풍요로움. 라면 꼽사리는 내게서 이 모든 것을 빼앗아 가는 범죄와도 같은 행위다.

그러니 "라면 먹을래?"라고 물었을 때는, 한 입도 안 뺏어 먹을 자신 있으면 상관없지만, 한 입이라도 먹고 싶은 생각이 들 것 같으면 먹겠다고 반드시 말해야 한다. 친구 사이의 아름다운 우정, 끈끈한 형제자매 간의 정이 고작 라면 한 봉지 때문에 무너지는 사태를 막으려면, 라면 꼽사리는 절대 해서는 안 되는 행위다.

욕하는 게 뭐 어때서!

B끕 언어, 세상에 태클 걸다

초판 1쇄 펴낸날 2018년 9월 21일
초판 6쇄 펴낸날 2023년 4월 28일

지은이 권희린
그린이 이주윤
펴낸이 홍지연

편집 홍소연 고영완 이태화 전희선 조어진 서경민
디자인 권수아 박태연 박해연
마케팅 강점원 최은 신종연 김신애
경영지원 정상희 곽해림

펴낸곳 (주)우리학교
출판등록 제313-2009-26호(2009년 1월 5일)
주소 04029 서울시 마포구 동교로12안길 8
전화 02-6012-6094
팩스 02-6012-6092
홈페이지 www.woorischool.co.kr
이메일 woorischool@naver.com

ISBN 979-11-87050-68-1 43700

• 책값은 뒤표지에 적혀 있습니다.
• 잘못된 책은 구입한 곳에서 바꾸어 드립니다.